Dropshipping FÜR ANFÄNGER 2024

Bewährte Methoden zum Online-Geldverdienen: Steigern Sie Ihr Einkommen auf über 100.000 US-Dollar durch Shopify Dropshipping E-Commerce

Inhalt

Einführung in Dropshipping

In der dynamischen Welt des E-Commerce hat sich Dropshipping zu einem revolutionären Geschäftsmodell entwickelt, das die Art und Weise, wie Unternehmer den Online-Handel angehen, grundlegend verändert. Stellen Sie sich ein Unternehmen vor, in dem Sie Produkte verkaufen können, ohne jemals Lagerbestände lagern, sich um die Versandlogistik kümmern oder sich um die Vorabkosten kümmern zu müssen. Das ist die Essenz des Dropshipping – ein Konzept, das das Unternehmertum demokratisiert und unzähligen Menschen auf der ganzen Welt neue Möglichkeiten eröffnet hat.

Im Kern ist Dropshipping eine einfache, aber geniale Vereinbarung. Als Dropshipper fungieren Sie als Vermittler zwischen dem Kunden und dem Lieferanten. Anstatt Produkte im Voraus zu kaufen und zu lagern, listen Sie Artikel zum Verkauf in Ihrem Online-Shop mit einem Aufschlag auf. Wenn ein Kunde einen Kauf tätigt, leiten Sie die Bestelldaten an Ihren Lieferanten weiter, der das Produkt dann direkt an den Kunden versendet. Das Schöne an diesem Modell liegt in seiner Einfachheit und Flexibilität, die es Unternehmern ermöglicht, sich auf Vertrieb und Marketing zu konzentrieren und gleichzeitig die Komplexität der Bestandsverwaltung und Auftragsabwicklung Drittanbietern zu überlassen.

Einer der verlockendsten Aspekte des Dropshipping ist die niedrige Eintrittsbarriere. Im Gegensatz zu herkömmlichen Einzelhandelsmodellen, die erhebliche Kapitalinvestitionen in Lagerbestände und Infrastruktur erfordern, ermöglicht Dropshipping angehenden Unternehmern die Gründung ihres Unternehmens mit minimalem finanziellen Risiko. Mit nur einem Laptop und einer Internetverbindung kann jeder einen Dropshipping-Shop eröffnen und damit beginnen, Produkte an ein globales Publikum zu verkaufen.

Der Reiz von Dropshipping geht jedoch über die bloße Zugänglichkeit hinaus. Dropshipping erfordert nicht nur geringe Vorabinvestitionen, sondern bietet auch beispiellose Flexibilität und Skalierbarkeit. Da Sie keinen Lagerbestand vorab kaufen müssen, können Sie mehrere Produkte und Nischen ohne finanzielle Verpflichtung testen. Diese Agilität ermöglicht es Ihnen, sich schnell an Markttrends anzupassen und neue Chancen zu nutzen.

Darüber hinaus befreit Dropshipping Unternehmer von den Zwängen der traditionellen Einzelhandelslogistik. Da Sie sich nicht um die Verwaltung des Lagerbestands oder die

Ausführung von Bestellungen kümmern müssen, können Sie Ihr Unternehmen von überall auf der Welt aus mit minimalem Aufwand betreiben. Ganz gleich, ob Sie ein digitaler Nomade sind, der exotische Orte erkundet, oder ein Elternteil, der zu Hause bleibt und Familienpflichten unter einen Hut bringt – Dropshipping ermöglicht es Ihnen, ein florierendes Geschäft nach Ihren eigenen Vorstellungen aufzubauen.

Doch wie jedes Geschäftsmodell bringt Dropshipping seine eigenen Herausforderungen und Überlegungen mit sich. Von der Suche nach zuverlässigen Lieferanten bis hin zur Bewältigung der Komplexität des Kundenservice erfordert Erfolg beim Dropshipping sorgfältige Planung, strategisches Denken und eine unermüdliche Umsetzung. In den folgenden Kapiteln dieses Leitfadens werden wir tiefer in die Feinheiten des Dropshipping eintauchen und Ihnen das Wissen, die Tools und Strategien vermitteln, die Sie benötigen, um in dieser dynamischen und sich ständig weiterentwickelnden Branche erfolgreich zu sein.

Egal, ob Sie ein erfahrener Unternehmer sind, der seine Einnahmequellen diversifizieren möchte, oder ein angehender Enthusiast, der sein erstes Geschäftsvorhaben starten möchte, willkommen in der Welt des Dropshipping. Bereiten Sie sich auf eine aufregende Reise voller endloser Möglichkeiten, unvorhergesehener Herausforderungen und unbegrenztem Potenzial vor. Mit Hingabe, Ausdauer und Lernbereitschaft sind im Dropshipping-Bereich keine Grenzen gesetzt. Lassen Sie uns dieses Abenteuer gemeinsam beginnen und die Türen zum unternehmerischen Erfolg öffnen.

Kapitel 1

Das Dropshipping-Modell verstehen

Das Dropshipping-Modell ist ein Leuchtturm für Innovation und Chancen im riesigen Bereich des E-Commerce. Dropshipping ist im Wesentlichen eine radikale Veränderung in der Art und Weise, wie Produkte gekauft und verkauft werden, die die Dynamik der Lieferkette neu definiert und es Geschäftsinhabern ermöglicht, ohne anfänglichen finanziellen Aufwand profitable Online-Unternehmen zu gründen. Es ist von entscheidender Bedeutung, tief in die Funktionsweise des Dropshipping einzutauchen und die grundlegenden Ideen zu identifizieren, die seinem Erfolg zugrunde liegen, um seine Komplexität und sein Potenzial voll und ganz einzuschätzen.

Grundsätzlich handelt es sich beim Dropshipping um einen vereinfachten Fulfillment-Ansatz, der Verkäufern die Notwendigkeit erspart, sich um Versandvereinbarungen oder die Bestandsverwaltung zu kümmern. Anstatt Waren in großen Mengen einzukaufen und in einem Lager aufzubewahren, arbeiten Dropshipper mit Lieferanten zusammen, um die Auftragsabwicklung in ihrem Namen abzuwickeln. Wenn ein Verbraucher etwas im Online-Shop des Dropshippers kauft, erhält der Lieferant die Bestellung sofort, verpackt und versendet den Artikel an die Adresse des Kunden. Dank dieses reibungslosen Prozesses können sich Dropshipper auf Vertriebs- und Marketingaktivitäten konzentrieren, anstatt sich mit den Feinheiten der Bestandsverwaltung und Auftragsabwicklung belasten zu müssen.

Die niedrige Eintrittsbarriere des Dropshipping-Geschäfts ist einer seiner Hauptvorteile. Dropshipping ermöglicht es angehenden Geschäftsinhabern, ihre Unternehmungen mit weniger finanziellem Risiko zu starten, im Gegensatz zu typischen Einzelhandelsmodellen, die große Kapitalinvestitionen in Infrastruktur und Inventar erfordern. Ein Laptop und eine Internetverbindung genügen, um einen Dropshipping-Shop zu eröffnen und mit dem Verkauf von Waren an Kunden auf der ganzen Welt zu beginnen. Durch die Demokratisierung des Unternehmertums haben Menschen aus allen Gesellschaftsschichten jetzt mehr Möglichkeiten, ihre Ziele zu verfolgen, finanzielle Unabhängigkeit zu erlangen und Unternehmer zu werden.

Die Anpassungsfähigkeit und Skalierbarkeit von Dropshipping sind zwei weitere verlockende Merkmale. Dropshipper können mit geringem bis gar keinem finanziellen Aufwand eine Vielzahl von Artikeln und Nischen erkunden, da sie keinen Lagerbestand vorab kaufen müssen. Aufgrund ihrer Agilität sind Unternehmer in der Lage, neue Möglichkeiten zu nutzen und sich schnell an veränderte Markttrends anzupassen. Darüber hinaus befreit Dropshipping Geschäftsinhaber von den Einschränkungen der traditionellen Einzelhandelslogistik und ermöglicht ihnen, ihre Unternehmen mit geringem Aufwand von jedem Standort der Welt aus zu führen. Ganz gleich, ob Sie ein zu Hause bleibender Elternteil sind, der die familiären Pflichten in Einklang bringt, oder ein digitaler Nomade, der an weit entfernte Orte reist, Dropshipping gibt Ihnen die Freiheit und Flexibilität, ein erfolgreiches Unternehmen nach Ihren eigenen Vorstellungen aufzubauen.

Auch wenn Dropshipping viele Vorteile hat, gibt es auch Nachteile und Dinge, die es zu beachten gilt. Um erfolgreich zu sein, erfordert Dropshipping sorgfältige Planung, kluges Denken und unerschütterliche Umsetzung – von der Suche nach vertrauenswürdigen Lieferanten bis hin zur Abwicklung des Kundensupports und der Auftragsabwicklung. Darüber hinaus müssen Dropshipper mit den Branchentrends und Best Practices Schritt halten, während sich die E-Commerce-Landschaft verändert, um in einem zunehmend überfüllten Markt wettbewerbsfähig zu bleiben.

In den kommenden Kapiteln dieses Leitfadens werden wir ausführlicher auf die Nuancen des Dropshipping eingehen und Ihnen die Fähigkeiten, Ressourcen und Taktiken vermitteln, die Sie benötigen, um in diesem schnelllebigen, sich ständig verändernden Markt erfolgreich zu sein. Willkommen in der Welt des Dropshipping, egal ob Sie ein erfahrener Unternehmer sind, der seine Einnahmequellen erweitern möchte, oder ein junger Enthusiast, der bereit ist, sein erstes Unternehmen zu gründen. Machen Sie sich bereit für ein spannendes Abenteuer mit unzähligen Möglichkeiten, unerwarteten Schwierigkeiten und grenzenlosem Potenzial. In Kombination mit Engagement, Hartnäckigkeit und Lernbereitschaft sind die Möglichkeiten des Dropshipping nahezu unbegrenzt. Lassen Sie uns gemeinsam auf diese Reise gehen, um die Türen zu erfolgreichem Unternehmertum zu öffnen.

Vorteile und Herausforderungen von Dropshipping

Wie jedes Unternehmenskonzept hat Dropshipping seine eigenen Vor- und Nachteile. Das Erkennen dieser Faktoren kann Geschäftsinhabern dabei helfen, die Herausforderungen bei der Verwaltung eines profitablen Dropshipping-Betriebs zu meistern und fundierte Urteile zu fällen.

Vorteile

Minimale Startkosten: Einer der größten Vorteile von Dropshipping besteht darin, dass es eine minimale Einstiegshürde hat. Dropshipping ermöglicht es Geschäftsinhabern, ihre Unternehmungen ohne finanzielles Risiko zu starten, im Gegensatz zu typischen Einzelhandelsmodellen, die große Kapitalinvestitionen in Inventar, Lagerraum und Logistik erfordern. Ohne einen Vorabkauf von Lagerbeständen tätigen zu müssen, können Geschäftsinhaber ihre Ressourcen auf die Kundenakquise, das Marketing und die Erweiterung ihres Unternehmens konzentrieren.

Keine Bestandsverwaltung: Wenn Sie ein Dropshipping-Geschäft betreiben, müssen Sie sich nie darum kümmern, den Überblick über den Bestand zu behalten, ihn zu verwalten oder zu lagern. Dies verringert die Wahrscheinlichkeit unverkaufter Lagerbestände oder Lagerbestände und macht den Bedarf an Lagerfläche überflüssig. Vielmehr kümmern sich die Lieferanten um die Auftragserfüllung und die Bestandsverwaltung, sodass Sie Zeit und Ressourcen frei haben, die Sie sich auf die Kundenbetreuung, den Vertrieb und das Marketing konzentrieren können.

Flexibilität und Skalierbarkeit: Dropshipping bietet ein unübertroffenes Maß an beidem. Ohne finanziellen Aufwand können Sie eine Vielzahl von Artikeln und Nischen testen, da Sie keinen Lagerbestand vorab kaufen müssen. Aufgrund Ihrer Agilität können Sie Ihr Unternehmen schnell skalieren, neue Perspektiven risikofrei erkunden und sich schnell an veränderte Markttrends anpassen.

Standortunabhängigkeit: Da Fernarbeit und digitales Nomadentum immer beliebter werden, legen viele Unternehmen mittlerweile großen Wert auf diese Lifestyle-Option. Alles, was Sie brauchen, um Ihr Unternehmen von überall auf der Welt aus zu verwalten, ist dank Dropshipping ein Laptop und eine Internetverbindung. Dropshipping ermöglicht es Ihnen, das Leben so zu leben, wie Sie es möchten, egal ob Sie die Welt bereisen, Zeit mit Ihren Lieben verbringen oder von zu Hause aus arbeiten möchten.

Zugang zu einem globalen Markt: Dropshipper können Kunden überall auf der Welt erreichen, indem sie die Stärke von E-Commerce-Plattformen wie Shopify nutzen. Aufgrund seiner weltweiten Reichweite können Unternehmer problemlos neue Märkte und Demografien erschließen und von unzähligen Entwicklungs- und Expansionsmöglichkeiten profitieren.

Probleme:

Glaubwürdigkeit der Lieferanten: Die Identifizierung vertrauenswürdiger Lieferanten ist einer der schwierigsten Aspekte beim Dropshipping. Sie sind bei der Abwicklung von Bestellungen und der Lieferung von Waren an Ihre Kunden auf externe Anbieter angewiesen. Fehler oder Auslassungen dieser Anbieter können daher dem Ruf Ihres Unternehmens schaden. Es ist von entscheidender Bedeutung, Lieferanten gründlich zu prüfen, effektive Kommunikationswege zu schaffen und Notfallpläne zur Bewältigung unvorhergesehener Probleme bereitzuhalten.

Gewinnmargen: Im Vergleich zu typischen Einzelhandelsmodellen kann Dropshipping geringere Gewinnmargen aufweisen, während gleichzeitig weniger Gemeinkosten und niedrige Anlaufkosten anfallen. Ihre Margen verringern sich natürlich, wenn Sie Dinge mit einem Aufschlag verkaufen, was den Spielraum für Fehler oder unvorhergesehene Kosten verringert. Dropshipper müssen ihre Preise, Gemeinkosten und Marketingkosten sorgfältig kontrollieren, um hohe Gewinnspannen aufrechtzuerhalten.

Bestandsverwaltung: Dropshipper müssen weiterhin sorgfältig auf Produktverfügbarkeit, Lagerbestände und Lieferantenzuverlässigkeit achten, auch wenn sie den Lagerbestand nicht direkt verwalten müssen. Fehlbestände und eine inkonsistente Bestandsverwaltung können zu Lieferverzögerungen, unzufriedenen Kunden und Umsatzeinbußen führen. Die Aufrechterhaltung einer reibungslosen und zuverlässigen Lieferkette erfordert den Einsatz effizienter Bestandsverwaltungstechniken und -technologien.

Kundendienst: Als Aushängeschild des Unternehmens beim Dropshipping sind Sie dafür verantwortlich, erstklassige Unterstützung und Kundenbetreuung zu bieten. Dazu gehört die Beantwortung von Fragen, die Auseinandersetzung mit Sorgen und die Lösung etwaiger Probleme, die im Laufe des Kundenerlebnisses auftreten könnten. Um Vertrauen und Loyalität bei den Kunden aufzubauen, müssen Sie die Erwartungen verwalten und die Kommunikationswege offen halten, da Sie keine direkte Kontrolle über die Produktqualität oder Versandpläne haben.

Marktsättigung und Wettbewerb: Da Dropshipping immer beliebter wird, wird der Markt immer überfüllter, was es schwieriger macht, sich abzuheben und Ihre Marke von anderen abzuheben. In der Dropshipping-Branche sind heftige Konkurrenz, Preiskämpfe und Nachahmungen typische Gefahren. Dropshipper müssen sich darauf konzentrieren, ein unverwechselbares Preis-Leistungs-Verhältnis zu entwickeln, eine treue Kundschaft zu pflegen und kontinuierlich Innovationen zu entwickeln, um in einem so hart umkämpften Markt erfolgreich zu sein.

Zusammenfassend lässt sich sagen, dass Dropshipping für angehende Unternehmer viele Vorteile und Chancen bietet, aber auch Nachteile und Komplikationen mit sich bringt. In der dynamischen und sich ständig verändernden Welt des Dropshipping können sich Unternehmen für den Erfolg positionieren, indem sie diese Vorteile und Hindernisse verstehen und Strategien zu deren Überwindung entwickeln.

Warum Shopify für Dropshipping wählen?

Shopify ist führend in Sachen Innovation, Zuverlässigkeit und Anpassungsfähigkeit unter den E-Commerce-Systemen und erfreut sich weiterhin wachsender Beliebtheit. Shopify bietet eine stabile und intuitive Lösung, die potenziellen Dropshippern den Prozess der Erstellung, Pflege und Erweiterung eines Online-Shops erleichtert. Was unterscheidet Shopify jedoch von seinen Konkurrenten und warum sollten Sie es als Dropshipping-Plattform Ihrer Wahl nutzen? Sehen wir uns die verschiedenen Gründe an, warum Shopify der Branchenführer im E-Commerce ist.

Shopify bietet vor allem eine benutzerfreundliche Oberfläche, die einfach zu bedienen ist und für Benutzer aller Erfahrungsstufen geeignet ist. Das intuitive Dashboard von Shopify macht es jedem, unabhängig von seinem Erfahrungsniveau, leicht, mit wenig Aufwand einen ausgefeilten Online-Shop einzurichten. Shopify bietet alle Ressourcen und Tools, die Sie für den Start eines erfolgreichen Dropshipping-Geschäfts benötigen, einschließlich Drag-and-Drop-Editoren, konfigurierbaren Themes, ausführlicher Schulung und Kundenservice rund um die Uhr.

Darüber hinaus können Sie Ihren Shop dank des umfangreichen Netzwerks an Apps und Konnektoren von Shopify an Ihre individuellen Anforderungen und Vorlieben anpassen. Der App Store von Shopify bietet eine Fülle von Optionen, die Ihnen beim Erreichen Ihrer Ziele helfen, unabhängig davon, ob Sie Ihr Marketing verbessern, die Auftragsabwicklung beschleunigen oder Ihren Shop für Suchmaschinen optimieren möchten. Shopify ermöglicht es Ihnen, Ihre Produktangebote zu verbessern, sich wiederholende Vorgänge zu automatisieren und Ihr Geschäft mühelos auszubauen, indem es reibungslose Verbindungen zu bekannten Produkten und Dienstleistungen wie Printful, Oberlo und AliExpress bietet.

Shopify bietet unübertroffene Zuverlässigkeit und Sicherheit sowie ein robustes und benutzerfreundliches Ökosystem. Shopify ist eine gehostete Lösung, das heißt, sie übernimmt alle technischen Aspekte der Verwaltung eines Online-Shops, wie Wartung, Sicherheitsupdates und Hosting. Dies bedeutet, dass Sie sich keine Sorgen über Software-Updates, Sicherheitslücken oder Serverausfälle machen müssen, um sich auf die Expansion Ihres Unternehmens zu konzentrieren. Dank der integrierten SSL-Verschlüsselung und PCI-Konformität von Shopify können Sie sicher sein, dass die Daten Ihrer Kunden sicher sind, was ihr Vertrauen in Ihr Unternehmen stärkt.

Shopify ist aufgrund seiner Skalierbarkeit auch eine großartige Option für Dropshipper, die ihren Betrieb im Laufe der Zeit erweitern möchten. Shopify kann sich mit seiner skalierbaren Infrastruktur und flexiblen Preisplänen an Ihre sich ändernden Anforderungen anpassen, unabhängig von der Wachstumsphase Ihres Unternehmens. Shopify unterstützt Unternehmen jeder Größe und jedes Budgets mit einer Vielzahl von Plänen und Funktionen, die von Lösungen auf Unternehmensebene bis hin zu einfachen Storefronts reichen. Shopify bietet Ihnen die Möglichkeit, Ihr Geschäft in Ihrem eigenen Tempo auszubauen, ohne Ihr Budget zu sprengen, da es keine langfristigen Verpflichtungen oder versteckten Kosten gibt.

Zusammenfassend lässt sich sagen, dass Shopify aufgrund seines benutzerfreundlichen Designs, seines starken Ökosystems, seiner Zuverlässigkeit, Sicherheit und Skalierbarkeit die beste Option für Dropshipper ist, die in der mörderischen E-Commerce-Branche erfolgreich sein möchten. Shopify bietet Ihnen das Wissen, die Tools und die Unterstützung, die Sie benötigen, um Ihre Dropshipping-Ziele zu verwirklichen, unabhängig von Ihrer Erfahrung als Geschäftsinhaber. Warum sollten Sie sich dann beim Dropshipping für Shopify entscheiden? Denn bei Shopify ist Ihre Kreativität das Einzige, was dem Erfolg im Wege steht.

Kapitel 2

Erste Schritte mit Shopify

Die Auswahl der besten Plattform zum Hosten Ihres Online-Shops ist der erste Schritt zum Start Ihres E-Commerce-Abenteuers. Da das Internet im digitalen Zeitalter als Marktplatz der Zukunft fungiert, ist Shopify ein leuchtendes Beispiel für Zugänglichkeit und Innovation für angehende Geschäftsinhaber. Shopify bietet die Informationen, Tools und Unterstützung, die Sie benötigen, um Ihre Vision für Ihr Online-Geschäft zu verwirklichen, unabhängig von Ihrer Erfahrung als Geschäftsinhaber.

Die Einrichtung Ihres Shopify-Shops erfordert nur ein paar einfache Schritte und ist wirklich einfach. Sie müssen sich zunächst für ein Konto auf der Shopify-Website registrieren. Dazu gehört die Angabe grundlegender Informationen zu Ihrem Unternehmen und Ihrer Person, einschließlich Ihres Namens, Ihrer E-Mail-Adresse und Ihres Geschäftsnamens. Nachdem Sie ein Konto erstellt haben, können Sie über das benutzerfreundliche Dashboard von Shopify damit beginnen, Ihren Shop entsprechend Ihrer Markenidentität und Ihren Stilvorlieben zu personalisieren.

Die große Auswahl an benutzerdefinierten Themes von Shopify ist eines der Hauptmerkmale von Shopify. Shopify bietet eine große Auswahl an Themes für jeden Geschmack und Stil, ganz gleich, ob Ihr Ziel ein moderner, klarer Look oder eine rustikale, handgemachte Atmosphäre ist. Schauen Sie sich einfach die Themenbibliothek an, wählen Sie das Thema aus, das Ihrer Vision am besten entspricht, und nehmen Sie dann mit dem intuitiven Drag-and-Drop-Editor von Shopify die gewünschten Änderungen vor.

Nachdem Sie Ihr Unternehmen entworfen haben, besteht der nächste Schritt darin, Produkte hinzuzufügen. Das Hinzufügen von Produkten zu Ihrem Shop ist mit Shopify ganz einfach, unabhängig davon, ob Sie Dienstleistungen, digitale Downloads oder materielle Waren anbieten. Alles, was Sie tun müssen, ist, einprägsame Produktbeschreibungen zu verfassen, Fotos Ihrer Produkte hinzuzufügen und die Preise und Lagerbestände anzupassen. Mit den Bestandsverwaltungsfunktionen von Shopify können Sie Ihre Produktlisten mühelos über verschiedene Vertriebskanäle hinweg synchronisieren, Lagerbestände verfolgen und Benachrichtigungen erhalten, wenn der Lagerbestand zur Neige geht.

Die Eröffnung Ihres Geschäfts ist jedoch nur der erste Schritt; Die wahre Magie beginnt, wenn Sie anfangen, Kunden zu gewinnen und Einnahmen zu generieren. Shopify bietet eine Reihe von Vertriebs- und Marketinglösungen, die Ihnen dabei helfen sollen, mit Ihrer Zielgruppe in Kontakt zu treten, den Verkehr zu Ihrem Online-Shop zu steigern und Besucher in zahlende Kunden zu verwandeln. Shopify bietet alle notwendigen Tools, um für Ihr Geschäft zu werben und den Umsatz zu steigern, einschließlich Content-Marketing, Suchmaschinenoptimierung (SEO), E-Mail-Kampagnen und Social-Media-Werbung.

Darüber hinaus erleichtert das integrierte Zahlungsabwicklungssystem von Shopify Ihren Kunden das Bezahlen und sorgt für ein reibungsloses und sicheres Zahlungserlebnis, das Vertrauen schafft. Shopify bietet Unterstützung für zahlreiche Zahlungsgateways wie digitale Geldbörsen, gängige Kreditkarten und andere Zahlungsoptionen, sodass Sie problemlos Zahlungen von Kunden auf der ganzen Welt entgegennehmen können.

Neben seinem umfangreichen Funktionsumfang und der intuitiven Benutzeroberfläche bietet Shopify einen unübertroffenen Kundenservice, der Sie bei der Überwindung aller Schwierigkeiten oder Hindernisse unterstützt, auf die Sie stoßen. Das engagierte Support-Team von Shopify steht Ihnen rund um die Uhr zur Verfügung, um unabhängig von Ihren Bedürfnissen professionelle Beratung und Hilfe zu bieten, einschließlich technischer Unterstützung, Marketingberatung und strategischer Ausrichtung.

Zusammenfassend lässt sich sagen, dass der erste Schritt zum erfolgreichen E-Commerce die Anmeldung bei Shopify ist. Mit seiner benutzerfreundlichen Oberfläche, anpassungsfähigen Designs, robusten Funktionalitäten und umfassender Unterstützung ermöglicht Shopify Geschäftsinhabern aller Art, erfolgreiche Online-Unternehmen zu starten und auszubauen. Shopify ist daher Ihr Tor zum Erfolg in der faszinierenden und profitablen Welt des E-Commerce, unabhängig davon, ob Sie ein erfahrener Unternehmer sind, der seine Online-Präsenz steigern möchte, oder ein frischgebackener Enthusiast, der bereit ist, sein erstes Online-Unternehmen zu starten.

Einrichten Ihres Shopify-Kontos

Das Einrichten Ihres Shopify-Kontos ist der erste wesentliche Schritt beim Start eines Dropshipping-Geschäfts. Shopify, die Grundlage Ihres Online-Shops, bietet eine intuitive Plattform, die den Prozess der Erstellung, Änderung und Überwachung Ihres E-Commerce-Geschäfts erleichtert. In diesem ausführlichen Leitfaden begleiten wir Sie durch alle notwendigen Schritte, um Ihr Shopify-Konto einzurichten und ein profitables Dropshipping-Geschäft zu starten.

Einrichten Ihres Shopify-Kontos: Die Registrierung eines Kontos auf der Shopify-Website ist der erste Schritt zur Erstellung Ihres Shopify-Kontos. Um Ihr Konto zu erstellen, gehen Sie einfach zur Anmeldeseite, geben Sie Ihre E-Mail-Adresse ein und befolgen Sie die Anweisungen. Shopify verfügt über eine Reihe von Preisplänen, um verschiedenen Geschäftsanforderungen gerecht zu werden. Wählen Sie den Plan aus, der Ihren finanziellen Einschränkungen und Zielen am besten entspricht.

Auswählen Ihrer Domain und Ihres Shopnamens: Ihr Shopname ist die Grundlage Ihrer Markenidentifikation; es ist mehr als nur ein Name. Nehmen Sie sich etwas Zeit, um einen einprägsamen Namen zu finden, der zu Ihrer Nische passt und Ihren Zielmarkt anspricht. Nachdem Sie sich für einen Namen entschieden haben, müssen Sie eine Domain für Ihren Online-Shop registrieren. Mithilfe der nahtlosen Verbindung von Shopify mit dem Domainregistrierungsdienst können Sie ganz einfach eine benutzerdefinierte Domain kaufen und mit Ihrem Shop verknüpfen.

Konfigurieren Ihrer Shop-Optionen: Nachdem Ihre Domain nun gesichert und Ihr Konto erstellt wurde, ist es an der Zeit, Ihre Shop-Optionen einzurichten. Dazu müssen Sie neben Ihren Versand- und Steuerkonfigurationen auch die Währung, Sprache und Zeitzone für Ihren Shop festlegen. Diese Elemente wirken sich auf das Kundenerlebnis und die betriebliche Effizienz Ihres Geschäfts aus. Achten Sie daher besonders darauf.

Anpassen des Themas Ihres Shops: Das gesamte Erscheinungsbild und die Atmosphäre Ihres Online-Shops werden stark vom Thema Ihres Shops beeinflusst, das auch den Ton Ihrer Marke festlegt. Mit den vielen anpassbaren Themes, die auf Shopify verfügbar sind, können Sie die Ästhetik Ihrer Marke ganz einfach an Ihren Shop anpassen und Ihre Produkte bestmöglich präsentieren. Um einen Look zu erhalten, der Ihre Markenidentität ergänzt und Ihre Zielgruppe anspricht, nehmen Sie sich die Zeit, verschiedene Themen zu untersuchen, mit Layoutmöglichkeiten zu experimentieren und die Designaspekte zu verfeinern.

Hinzufügen von Artikeln zu Ihrem Shop: Nachdem nun die Grundkomponenten Ihres Shops eingerichtet sind, ist es an der Zeit, Artikel zu Ihrem Lagerbestand hinzuzufügen. Das Importieren von Produktlisten, das Festlegen von Preisen und die Verwaltung Ihres Lagerbestands sind mit Shopify ganz einfach, unabhängig davon, ob Sie bei Oberlo, AliExpress oder anderen Dropshipping-Anbietern einkaufen. Stellen Sie sicher, dass Ihre Produktlisten einfach zu navigieren, optisch ansprechend und für potenzielle Kunden hilfreich sind, indem Sie auf die Produktbeschreibungen, Fotos und Kategorisierung achten.

Einrichten von Zahlungsgateways und Lieferoptionen: Sie müssen Zahlungsgateways und Lieferoptionen für Ihr Geschäft konfigurieren, um reibungslose Transaktionen zu ermöglichen und Ihren Kunden ein reibungsloses Kauferlebnis zu bieten. Dank der Auswahl an integrierten Zahlungskanälen, darunter PayPal, Stripe und Shopify Payments, können Sie Zahlungen mit Shopify einfach und sicher akzeptieren. Im Vergleich dazu können Sie Versandpräferenzen einrichten, um Ihren Kunden je nach Geschmack und geografischer Region eine Reihe von Versandalternativen, Kosten und Lieferplänen anzubieten.

Wenn Sie diese Schritte befolgen, können Sie eine solide Grundlage für zukünftiges Wachstum und Erfolg Ihres Shopify-Dropshipping-Geschäfts schaffen. Denken Sie daran, dass die Erstellung Ihres Shopify-Kontos nur der erste Schritt im Prozess ist; Die eigentliche Arbeit besteht darin, Ihre Marke zu entwickeln und aufrechtzuerhalten, Kunden zu gewinnen und Ihr Geschäft zu optimieren, um den größtmöglichen Umsatz zu erzielen. Indem Sie sich viel Mühe geben, hartnäckig bleiben und sich ständig weiterentwickeln, können Sie ein erfolgreiches Dropshipping-Geschäft aufbauen, das sich im überfüllten E-Commerce-Markt von der Masse abhebt.

Anpassen Ihres Shop-Themes

Das Thema Ihres Online-Geschäfts fungiert als digitales Schaufenster in der geschäftigen Welt des E-Commerce, zieht Kunden an und ermutigt sie, in Ihren Produkten zu stöbern. Ein intelligent gewähltes Ladenthema kann bei potenziellen Kunden einen bleibenden Eindruck hinterlassen und sie zur Interaktion mit Ihrem Unternehmen anregen, genauso wie eine gut gestaltete physische Ladenfront die Betrachter fesseln und in den Laden locken kann.

Es ist wichtiger, ein konsistentes und umfassendes Markenerlebnis zu schaffen, das Ihre Zielgruppe anspricht, als einfach nur die Schriftarten und Farben Ihres Shop-Themas zu ändern. Jeder Teil Ihrer Website, vom Design und der Navigation bis hin zu Sprache und Grafiken, sollte die Identität und Werte Ihrer Marke ab dem Zeitpunkt, an dem ein Besucher landet, repräsentieren und ein Gefühl von Verbundenheit, Vertrauen und Glaubwürdigkeit schaffen.

Die Auswahl der geeigneten Plattform ist der erste Schritt zur Personalisierung Ihres Shop-Themas. Die umfangreiche Theme-Bibliothek und die umfangreichen Anpassungsoptionen von Shopify bieten Ihnen die Flexibilität, ein Design auszuwählen, das zum Erscheinungsbild Ihrer Marke passt und Ihre Geschäftsziele erreicht. Für jeden Geschmack und jede Nische gibt es ein passendes Thema, egal ob Sie ein extravagantes und farbenfrohes Design oder einen minimalistischen und modernen Look wünschen.

Nachdem Sie ein Thema ausgewählt haben, sollten Sie mit der Anpassung beginnen. Passen Sie zunächst die visuellen Komponenten – wie Grafiken, Schriftarten und Farben – an, damit sie die Identität Ihrer Marke ergänzen. Hier ist Konsistenz entscheidend. Stellen Sie sicher, dass die von Ihnen ausgewählten Farben und Schriftarten gut zu Ihrem Logo und Ihren Markenmaterialien passen, um eine einheitliche und harmonische visuelle Identität über alle Berührungspunkte hinweg zu schaffen.

Konzentrieren Sie sich als Nächstes darauf, die Navigation und das Layout Ihres Shops so benutzerfreundlich wie möglich zu gestalten. Vereinfachen Sie das Navigationsmenü, damit Benutzer schnell finden, wonach sie suchen, und zwischen den verschiedenen Teilen Ihrer Website wechseln können. Berücksichtigen Sie den Informationsfluss und erstellen Sie ein Layout, das Kunden reibungslos durch den gesamten Kaufprozess führt, von der Produktsuche bis zur Bezahlung.

Denken Sie daran, wie wichtig neben der Nützlichkeit und Ästhetik auch die mobile Reaktionsfähigkeit ist. Es ist wichtig, sicherzustellen, dass Ihr Shop auf allen Bildschirmgrößen und Geräten funktioniert und gut aussieht, da immer mehr Kunden Einkäufe über mobile Geräte tätigen. Obwohl die Themes von Shopify standardmäßig für Mobilgeräte geeignet sind, können Sie das Layout und die Designkomponenten testen und anpassen, um Ihr Unternehmen besser für Mobilgeräte zu optimieren.

Bei der individuellen Gestaltung Ihres Shop-Themas geht es um mehr als nur Ästhetik; Dazu gehört auch die Conversion- und Vertriebsoptimierung. Probieren Sie verschiedene Call-to-Action-Buttons, Produktseitendesigns und Checkout-Verfahren aus, um die beste Einrichtung zu ermitteln, die die Interaktion maximiert und Conversions fördert. Nutzen Sie die integrierten Analysefunktionen von Shopify, um das Besucherverhalten zu überwachen und Bereiche zu identifizieren, die bearbeitet werden müssen. Dies wird Ihnen helfen, das Design Ihres Shops zu iterieren und zu verbessern, um im Laufe der Zeit eine optimale Wirkung zu erzielen.

Zusammenfassend lässt sich sagen, dass die Personalisierung Ihres Shop-Themas ein komplexer Prozess ist, der eine sorgfältige Bewertung sowohl der Benutzerfreundlichkeit als auch der Ästhetik erfordert. Sie können Besucher ansprechen, ihr Vertrauen gewinnen, den Umsatz steigern und Ihr Unternehmen erweitern, indem Sie eine auffällige, benutzerfreundliche und konversionsoptimierte Storefront entwerfen. Machen Sie sich jetzt die Hände schmutzig, lassen Sie Ihrer Fantasie freien Lauf und verwandeln Sie Ihren Shopify-Shop in ein Online-Meisterwerk, das bei jedem, der es betritt, Eindruck hinterlässt.

Kapitel 3

Produkte zu Ihrem Shop hinzufügen

Das Hinzufügen von Produkten zu Ihrem Online-Shop ist so, als würden Sie Samen auf ein reiches Feld pflanzen und sie wachsen sehen, um eine reiche Ernte an Verkäufen und Erfolg zu erzielen. So funktioniert das komplexe Netz des E-Commerce. Die Auswahl und Präsentation von Produkten, die Ihre Zielgruppe ansprechen, als Eckpfeiler Ihres Dropshipping-Geschäfts ist ein wesentlicher Schritt beim Aufbau eines erfolgreichen Online-Geschäfts.

Die Identifizierung lukrativer Nischen und stark nachgefragter Produkte erfordert eine umfassende Marktforschung, die den ersten Schritt bei der Erweiterung Ihres Unternehmens um Produkte darstellt. Untersuchen Sie Markttrends, Kundenneigungen und Konkurrenzforschung, um herauszufinden, welche Waren derzeit gefragt sind und welche für Ihre Zielgruppe von Interesse sein könnten.

Nachdem Sie ermittelt haben, welche Produktkategorien am vielversprechendsten sind, ist es an der Zeit, Lieferanten auszuwählen, die qualitativ hochwertige Produkte zu angemessenen Preisen anbieten. Wählen Sie Anbieter aus, die für Zuverlässigkeit, schnellen Versand und erstklassigen Kundensupport bekannt sind, um sicherzustellen, dass Ihre Kunden ein einwandfreies Erlebnis haben. Der Aufbau vertrauensvoller Beziehungen zu Lieferanten ist von entscheidender Bedeutung, um Ihre Lieferkette stabil zu halten und Ihren Kunden einen hervorragenden Mehrwert zu bieten.

Sobald Sie Ihre Lieferanten gefunden haben, besteht der nächste Schritt darin, eine Reihe von Waren auszuwählen, die Ihre Marke ergänzen und Ihre Zielgruppe ansprechen. Wählen Sie Waren aus, die Bedürfnisse ansprechen, Probleme lösen oder Gefühle bei Ihrer Zielgruppe wecken. Berücksichtigen Sie bei der Auswahl der Lagerbestände in Ihrem Geschäft Aspekte wie den wahrgenommenen Wert, die Produktqualität und die Einzigartigkeit.

Es ist an der Zeit, fesselnde Produktlisten zu verfassen, die Ihr Publikum ansprechen und einbeziehen, nachdem Sie Ihre Produkte ausgewählt haben. Stellen Sie ausführliche

Produktbeschreibungen bereit, die hervorstechende Merkmale, Vorteile und technische Details hervorheben, um Käufern bei der Entscheidungsfindung zu helfen. Nutzen Sie multimediale Inhalte und hochwertige Fotos, um Ihre Produkte aus verschiedenen Perspektiven zu präsentieren und ein visuell anregendes Einkaufsumfeld zu schaffen.

Beim Hinzufügen von Waren zu Ihrem Unternehmen geht es jedoch um mehr als nur Quantität – es geht auch um Management und Qualität. Organisieren Sie Ihren Produktkatalog logisch und intuitiv, indem Sie verwandte Dinge in Kategorien und Unterkategorien klassifizieren, um den Kunden die Navigation zu erleichtern und ihr Surferlebnis zu verbessern. Nutzen Sie Sortiermöglichkeiten und Suchfilter, um Kunden das Finden des Gesuchten zu erleichtern und die Produktkatalogrecherche zu fördern.

Um ergänzende Produkte zu verkaufen und zu verkaufen, denken Sie darüber nach, neben einzelnen Produkten auch kuratierte Kollektionen, Bundles oder Themensets anzubieten. Durch die sorgfältige Auswahl harmonischer Produktsortimente können Sie ein maßgeschneidertes Einkaufserlebnis schaffen, das Kunden zum Entdecken und Entdecken neuer Dinge in Ihrem Geschäft anregt.

Denken Sie daran, Ihre Einträge für Suchmaschinen zu optimieren, wenn Sie Produkte zu Ihrem Shop hinzufügen, um die größtmögliche Sichtbarkeit zu erreichen und den natürlichen Traffic zu steigern. Verwenden Sie relevante Meta-Tags, Schlüsselwörter und Produktattribute, um die Suchmaschinenbewertung Ihres Shops zu verbessern und gezielte Kunden auf Ihre Produktseiten zu leiten.

Zusammenfassend lässt sich sagen, dass das Hinzufügen von Produkten zu Ihrem Online-Shop ein komplexer Prozess ist, der sorgfältige Vorbereitung, sorgfältige Ausführung und ein gründliches Verständnis Ihrer Zielgruppe erfordert. Sie können einen starken Produktkatalog entwickeln, der Kunden zufriedenstellt, den Umsatz steigert und Ihr Dropshipping-Unternehmen zu neuen Erfolgshöhen führt, indem Sie gründliche Marktforschung durchführen, qualitativ hochwertige Produkte ausfindig machen und fesselnde Produktlisten erstellen. Schnappen Sie sich also ein Paar Handschuhe, lassen Sie Ihrer Fantasie freien Lauf und begeben Sie sich auf die aufregende Reise, Ihrem Shop neue Dinge hinzuzufügen – der erste Schritt zum unternehmerischen Erfolg in der schnell wachsenden Welt des E-Commerce.

Suche nach profitablen Produkten zum Verkauf

Der Erfolg in der weiten Welt des E-Commerce hängt nicht nur von der Qualität Ihres Geschäfts und Ihren Marketinginitiativen ab, sondern auch von den Waren, die Sie anbieten möchten. In der Welt des Dropshipping ist die Suche nach lukrativen Produkten wie eine Goldgrube; Es erfordert sorgfältige Planung, gründliche Untersuchung und eine gesunde Portion Intuition. In diesem Kapitel untersuchen wir die Kunst und Wissenschaft der Produktforschung und vermitteln Ihnen das Know-how und die Taktiken, um unentdeckte Schätze zu finden und profitable Chancen zu nutzen.

Die Grundlage jedes erfolgreichen Dropshipping-Geschäfts ist die Produktrecherche. Das Finden von Produkten mit starker Nachfrage, wenig Wettbewerb und großen Gewinnspannen ist der Prozess, um in der E-Commerce-Branche das Dreifache der Rentabilität zu erreichen. Doch wie kann man bei Millionen von Produkten im Internet Ordnung schaffen und die Gewinner identifizieren? Der Schlüssel zur Lösung liegt in einer methodischen Strategie, die Markttrends, Datenrecherchen und fundierte Kenntnisse Ihres Zielmarkts einbezieht.

Beginnen Sie damit, Nischenmärkte zu identifizieren, bei denen es sich um spezialisierte Teilmengen des größeren Marktes mit einzigartigen Anforderungen und Vorlieben handelt, bevor Sie mit der Produktforschung beginnen. Nischenartikel helfen Ihnen, sich von der Konkurrenz abzuheben und sich einen besonderen Platz im Markt zu sichern, indem sie auf bestimmte demografische Merkmale oder Interessen eingehen. Nischenprodukte wie glutenfreie Snacks, minimalistische Heimdekoration oder umweltfreundliche Haustieraccessoires sprechen engagierte Verbraucher an, die bereit sind, mehr für spezielle Produkte auszugeben.

Nachdem Sie potenzielle Nischen ermittelt haben, ist es wichtig, mit der Durchführung von Marktforschungen zu beginnen. Untersuchen Sie Markttrends, Kundenverhalten und das Wettbewerbsumfeld, um die Nachfrage und die Machbarkeit Ihrer ausgewählten Nische zu ermitteln. Social-Media-Analysen, Amazon-Bestseller, Google Trends und andere Tools können aufschlussreiche Informationen zu angesagten Waren und neuen Trends liefern. Suchen Sie nach Waren, die im Laufe der Zeit eine stabile Nachfrage haben, aber auch nach solchen, die unerwartete Aufmerksamkeitsspitzen verzeichnen; Diese könnten auf profitable Aussichten hinweisen, die nur darauf warten, untersucht zu werden.

Bewerten Sie als Nächstes den Grad der Konkurrenz in der von Ihnen ausgewählten Nische. Untersuchen Sie Konkurrenzartikel, Preispolitik und Kundenfeedback, um Marktlücken und Orte zu finden, an denen Sie sich von anderen abheben können. Um Schwachstellen und Vorlieben zu identifizieren, achten Sie auf Produktbewertungen und Kundenfeedback. Nutzen Sie dieses Wissen dann, um Ihre Angebote individuell anzupassen und ein ansprechendes Leistungsversprechen zu entwickeln.

Bei der Auswahl der angebotenen Produkte ist es wichtig, neben der Wettbewerbs- und Nachfrageanalyse auch die Gewinnmargen zu berücksichtigen. Um mögliche Gewinnspannen zu ermitteln, berechnen Sie die Kosten der verkauften Waren (COGS), die die Kosten des Produkts, die Versandkosten und die Transaktionsgebühren umfassen. Vergleichen Sie dann die Selbstkosten mit dem Verkaufspreis. Wählen Sie Waren mit robusten Gewinnspannen aus, die Raum für Werbung, Gemeinkosten und Umsatzsteigerung bieten.

Denken Sie abschließend an den Wert von Kreativität und Intuition bei der Produktforschung. Auch wenn Daten und Analysen von entscheidender Bedeutung sind, verdienen Artikel, die neue Trends nutzen, Marktlücken schließen oder die Emotionen der Verbraucher wecken, mitunter das meiste Geld. Folgen Sie bei der Auswahl eines Produkts Ihrem Bauchgefühl, seien Sie kreativ und seien Sie bereit, maßvolle Risiken einzugehen.

Zusammenfassend lässt sich sagen, dass die Entscheidung, welche Dinge verkauft werden sollen, sowohl eine Wissenschaft als auch eine Kunst ist. Um profitable Möglichkeiten zu finden und zu nutzen, ist eine Kombination aus datengesteuerter Analyse, Marktforschung und innovativem Denken erforderlich. Sie können verborgene Schätze entdecken und ein langfristig profitables Dropshipping-Geschäft aufbauen, indem Sie einen methodischen Ansatz verfolgen, Branchentrends im Auge behalten und auf Ihre Zielgruppe achten.

Produktforschungsstrategien

Der Erfolg in der weiten Welt des E-Commerce hängt nicht nur von der Qualität Ihrer Produkte und Marketingstrategien ab, sondern auch vom Design Ihrer Website. Ein effektives Dropshipping-Geschäft ist auf eine gründliche Produktrecherche angewiesen, um Sie vor kostspieligen Fallen zu schützen und Sie zu lukrativen Aussichten zu führen. In dieser eingehenden Untersuchung der Produktforschungstechniken befassen wir uns mit der komplexen Kunst, profitable Produkte zu finden, die eine Verbindung zu Ihrem Zielmarkt herstellen.

Der erste Schritt bei der Produktforschung besteht darin, ein umfassendes Verständnis der Verbraucherpräferenzen und aktuellen Markttrends zu erlangen. Sie können beliebte Produktkategorien, die für weitere Untersuchungen bereit sind, und neue Nischen finden, indem Sie Fachzeitschriften im Auge behalten, Social-Media-Trends untersuchen und die Aktionen Ihrer Konkurrenten beobachten.

Nischenauswahl: Um in einem überfüllten Markt herauszustechen und Ihre Zielgruppe anzulocken, ist Spezialisierung unerlässlich. Anstatt zu versuchen, ein breites Spektrum an Menschen anzusprechen, konzentrieren Sie sich darauf, Nischenmärkte zu finden, die ein begeistertes und unterrepräsentiertes Publikum haben. Ganz gleich, ob es sich um minimalistische Heimdekoration oder umweltfreundliche Heimtierbedarfsartikel handelt – die Wahl einer Spezialität ermöglicht es Ihnen, eine Autorität in einer bestimmten Branche zu werden und stärkere Beziehungen zu Ihren Kunden aufzubauen.

Keyword-Recherche: Um die Sichtbarkeit zu erhöhen und den organischen Traffic zu Ihrem Shop zu steigern, müssen Sie die Suchmaschinenoptimierung (SEO) voll ausschöpfen. Das Auffinden häufig vorkommender Suchbegriffe, die mit Ihrem ausgewählten Thema in Zusammenhang stehen, kann durch die Durchführung einer eingehenden Keyword-Recherche mithilfe von Ressourcen wie Google Keyword Planner und SEMrush erreicht werden. Sie können das Suchmaschinenranking Ihres Shops verbessern und qualifiziertere Leads gewinnen, indem Sie diese Schlüsselwörter in die Titel, Meta-Tags und Produktbeschreibungen aufnehmen.

Nachfrage- und Wettbewerbsanalyse: Es ist wichtig, die Nachfrage eines Produkts und den Grad des Marktwettbewerbs zu bewerten, bevor eine Entscheidung getroffen wird. Nutzen Sie Ressourcen wie Google Trends, Amazon Bestseller und die eigenen Daten von Shopify, um festzustellen, wie beliebt potenzielle Produkte sind und wie stark aktuelle Konkurrenten sind. Um eine profitable Nische aufzubauen, ohne auf überwältigende Schwierigkeiten zu stoßen, suchen Sie nach Produkten mit einer stabilen Nachfragekurve und kontrollierbarem Wettbewerb.

Lieferantenzuverlässigkeit: Die Professionalität und Zuverlässigkeit Ihrer Lieferanten bestimmt die Leistung Ihres Dropshipping-Geschäfts. Priorisieren Sie bei Ihrer Recherche nach möglichen Lieferanten Lieferanten, die in der Vergangenheit eine schnelle Auftragsabwicklung, strenge Qualitätskontrolle und aufmerksame Kommunikation vorweisen können. Der Aufbau solider Beziehungen zu zuverlässigen Lieferanten garantiert eine effiziente Auftragsabwicklung und verbessert das Kundenerlebnis insgesamt, was zu Folgegeschäften und hervorragenden Mundpropaganda-Empfehlungen führt.

Gewinnmargen analysieren: Es ist wichtig, auch die Gewinnmargen von Produkten zu berücksichtigen, auch wenn es verlockend sein kann, sich nur auf Produkte mit großen Verkaufsmengen zu konzentrieren. Berechnen Sie die gesamten Kosten für den Kauf des Produkts, den Versand und alle anderen Kosten, die mit dem Erhalt und Abschluss jeder Bestellung verbunden sind. Wählen Sie Waren mit hohen Gewinnspannen, die es Ihnen ermöglichen, Ihre Ausgaben zu decken und für einen stetigen Umsatzzufluss zu sorgen.

Tests und Iteration: Kontinuierliche Tests und Iterationen sind für den laufenden Prozess der Produktforschung notwendig. Sobald Sie mögliche Produkte gefunden haben, stellen Sie diese als Teil eines sorgfältig ausgewählten Produktportfolios in Ihrem Geschäft vor. Behalten Sie ihre Leistung genau im Auge und beachten Sie Markttrends, Verbraucherkommentare und Verkaufsindikatoren. Nutzen Sie diese Daten im Laufe der Zeit, um Ihre Produktauswahl zu verfeinern, indem Sie sich stärker auf die Top-Performer konzentrieren und die Underperformer schrittweise eliminieren.

Langfristiger Erfolg im hart umkämpften Dropshipping-Markt erfordert die Beherrschung der Kunst der Produktforschung. Durch den Einsatz dieser bewährten Taktiken und der Stärke datengesteuerter Entscheidungsfindung können Sie eine Welt profitabler Optionen eröffnen und ein langfristig erfolgreiches Dropshipping-Geschäft aufbauen.

Identifizierung von Nischenmärkten

Der Erfolg in der schnelllebigen Welt des E-Commerce hängt häufig von der Fähigkeit ab, Nischen zu erkennen und zu erobern, in denen die Rivalität groß ist und sich der Geschmack der Kunden ständig ändert. Ein spezialisiertes Marktsegment, das eine bestimmte Kundschaft mit einzigartigen Anforderungen, Geschmäckern oder Interessen bedient, wird als Nischenmarkt bezeichnet. Durch die Konzentration auf bestimmte Nischenmärkte können sich Unternehmer eine unverwechselbare Nische im umkämpften E-Commerce-Markt schaffen, sich von der Konkurrenz abheben und einen treuen Kundenstamm aufbauen. In dieser gründlichen Untersuchung der Identifizierung von Nischenmärkten zeigen wir Ihnen die Taktiken, Ressourcen und Kenntnisse auf, die erforderlich sind, um profitable Aussichten zu erkennen und Ihr Unternehmen auf langfristigen Erfolg vorzubereiten.

Das Potenzial von Spezialmärkten erkennen:

Jedes erfolgreiche E-Commerce-Unternehmen beginnt mit einem gründlichen Verständnis seines Zielmarktes. Auf breiten Märkten gibt es mehr Wettbewerber und eine stärkere Kommerzialisierung, obwohl sie möglicherweise über einen größeren Pool potenzieller Kunden verfügen. Andererseits bieten Nischenmärkte eine fantastische Chance, eine engere Verbindung zu einer Zielgruppe aufzubauen, ein tieferes Verständnis für ihre Bedürfnisse zu erlangen und spezielle Lösungen anzubieten, die sie persönlich ansprechen. Die Bedienung eines spezialisierten Marktes hilft Ihnen, sich von der Konkurrenz abzuheben und eine engere Bindung zu Ihren Kunden aufzubauen, was wiederum den Lifetime-Wert und die Loyalität erhöht.

Methoden zum Auffinden spezialisierter Märkte:

Leidenschaft und Fachwissen: Berücksichtigen Sie zunächst Ihre persönlichen Interessen, Leidenschaften und Kompetenzbereiche. Zu welchen Interessen oder Beschäftigungen fühlen Sie sich hingezogen? Sie können Nischenmärkte finden, die zu Ihren Hobbys passen, indem Sie Ihr persönliches Wissen und Ihre Interessen nutzen. Dadurch wird Ihre unternehmerische Reise erfreulicher und befriedigender.

Marktforschung: Führen Sie eine gründliche Marktforschung durch, um neue Trends, unterentwickelte Märkte und unbefriedigte Anforderungen in der von Ihnen gewählten

Branche zu finden. Nutzen Sie Ressourcen wie Google Trends, Social-Media-Analysen und Keyword-Recherche, um Möglichkeiten zu finden, die möglicherweise übersehen werden.

Problem-Lösungs-Passform: Identifizieren Sie die Probleme oder Schwierigkeiten, mit denen Ihre Zielgruppe konfrontiert ist, und suchen Sie nach Möglichkeiten, kreative Antworten anzubieten. Die richtige Lösung für ein bestimmtes Problem zu finden oder ein Produkt anzubieten, das einen aufwändigen Prozess erleichtert, sind entscheidend für den Erfolg in Nischenmärkten.

Untersuchen Sie Ihre Konkurrenten auf dem Spezialmarkt, um mehr über deren Vor- und Nachteile und ihre Positionierung auf dem Markt zu erfahren. Finden Sie alle Lücken oder Öffnungen, die Ihre Konkurrenten möglicherweise übersehen haben, und entwickeln Sie dann einen Plan, um sie auszunutzen.

Kunden-Input und -Validierung: Um Input zu erhalten und Ihre Annahmen zu validieren, treten Sie über Fokusgruppen, Umfragen oder Social-Media-Interaktionen in direkten Kontakt mit Ihrer Zielgruppe. Sie können bessere Entscheidungen treffen, indem Sie den Reden Ihrer Kunden zuhören, da Sie so viel über deren Vorlieben, Probleme und Kaufgewohnheiten erfahren können.

Das Potenzial von Nischenmärkten freisetzen:

Nachdem Sie nun einen lukrativen Nischenmarkt gefunden haben, ist es an der Zeit, einzusteigen und mit der Arbeit zu beginnen. Verschaffen Sie sich einen umfassenden Überblick über Ihren Zielmarkt, verfeinern Sie Ihr Wertversprechen und erstellen Sie eine emotional ansprechende Markenerzählung, die Ihre Zielgruppe anspricht. Um Ihre Botschaft zu verbreiten und Ihre gewünschte Kundschaft anzulocken, nutzen Sie digitale Marketingplattformen wie Influencer-Kooperationen, Content-Marketing und soziale Medien.

Denken Sie daran, wenn Sie sich den Herausforderungen stellen, einen Nischenmarkt zu identifizieren: Erfolg stellt sich selten über Nacht ein. Es erfordert Ausdauer, Geduld und die Bereitschaft, als Reaktion auf Rückmeldungen und Marktveränderungen zu modifizieren und anzupassen. Nehmen Sie die Reise an, halten Sie an Ihrer Vision fest und verlieren Sie nie Ihr Ziel aus den Augen, Ihrem Nischenpublikum einen herausragenden Mehrwert zu bieten. Sie haben die Fähigkeit, das ungenutzte Potenzial von Nischenmärkten auszuschöpfen und mit Engagement und strategischer Umsetzung ein langlebiges, profitables E-Commerce-Unternehmen aufzubauen.

Bewertung der Produktnachfrage und des Wettbewerbs

Erfolg im SchnelllebigenDropshipping Die Branche hängt von Ihrer Fähigkeit ab, Produkte mit starker Nachfrage und mäßiger Konkurrenz zu erkennen. Auch wenn spezielle oder modische Produkte verlockend sein können, ist es wichtig, den Prozess der Produktauswahl strategisch anzugehen. Um die Produktnachfrage und den Wettbewerb einzuschätzen, bedarf es mehr als nur der zufälligen Auswahl von Produkten; Sie müssen außerdem umfangreiche Recherchen durchführen, Branchentrends untersuchen und fundierte Entscheidungen treffen, die Ihre Erfolgschancen erhöhen.

Der Bedarfsgedanke ist grundlegend für die Bewertung von Produkten. Die Messung des Verbraucherinteresses und des Kaufwunsches ist eine Schlüsselkomponente, um die Nachfrage nach einem Produkt zu verstehen. Dies erfordert die Erforschung von Verbraucherverhaltensmustern, die Untersuchung von Suchtrends und eine eingehende Marktforschung. Die Recherche nach Schlüsselwörtern, Suchvolumen, Kundenstimmung und neuen Trends kann mithilfe von Tools wie Google Trends, Social Media Insights und Keyword-Recherchetools erfolgen.

Allerdings ist die Nachfrage allein kein Garant für den Erfolg. Auch der Grad des Marktwettbewerbs ist von Bedeutung. Für Dropshipper schaffen ein geringer Wettbewerb und eine hohe Nachfrage das perfekte Umfeld für eine schnellere Marktdurchdringung und größere Gewinnspannen. Um die Preisgestaltungsmethoden der Wettbewerber, das Kundenfeedback und die Markenpositionierung zu analysieren, müssen andere Anbieter untersucht werden, die vergleichbare Waren verkaufen.

Bei der Beurteilung der Produktnachfrage und des Wettbewerbs müssen folgende Elemente berücksichtigt werden:

Marktkapazität und Wachstumsaussichten: Verfügt das Produkt über einen ausreichenden Markt, um Ihr Unternehmen zu unterstützen? Sehen Sie Anzeichen für eine steigende Nachfrage oder neue Trends, die Sie nutzen könnten?

Konkurrenzanalyse: Wer sind die Hauptkonkurrenten Ihres Unternehmens? Welche Marketingtechniken nutzen sie, um Kunden anzulocken? Wie können Sie sich mit Ihrem Angebot von der Konkurrenz abheben?

Produktlebensfähigkeit: Handelt es sich um ein neuartiges oder einzigartiges Produkt? Erfüllt es eine bestimmte Nachfrage oder löst es ein bestimmtes Problem für den Kunden? Gibt es etwas, das Sie tun können, um Ihr Angebot zu verbessern oder anzupassen, um es attraktiver zu machen?

Gewinnspanne: Wie viel hat es gekostet, das Produkt zu beschaffen und zu verkaufen? Können Sie gesunde Gewinnspannen und wettbewerbsfähige Preise für Ihre Produkte aufrechterhalten? Bestehen Chancen, den Umsatz durch Cross-Selling oder Up-Selling zu steigern?

Trends in der Kundennachfrage: Schwankt die Nachfrage nach dem Produkt saisonal? Gibt es externe Variablen, die das Verhalten der Verbraucher beeinflussen könnten, beispielsweise gesellschaftliche Entwicklungen oder vorherrschende wirtschaftliche Bedingungen?

Lieferantenzuverlässigkeit: Gibt es seriöse Anbieter, an die Sie sich für gleichbleibend hochwertige Waren und zuverlässigen Versand wenden können? Gibt es mögliche Probleme mit der Produktverfügbarkeit oder den Lieferplänen?

Sie können fundierte Entscheidungen treffen, die Ihre Geschäftsziele unterstützen und Ihre Erfolgschancen in der mörderischen Dropshipping-Branche erhöhen, indem Sie die Produktnachfrage und den Wettbewerb genau untersuchen. Denken Sie daran, dass das Auffinden der neuesten Produkte nicht der einzige Schlüssel zum Erfolg beim Dropshipping ist; Sie müssen auch Ihren Zielmarkt kennen, Trends antizipieren und Ihren Kunden einen Mehrwert bieten. Mit sorgfältiger Recherche und strategischer Planung können Sie profitable Perspektiven finden und ein langlebiges, profitables Dropshipping-Geschäft aufbauen.

Lieferantenauswahl und -management

Die Dynamik zwischen Ihnen und Ihren Lieferanten ist im komplexen Dropshipping-Umfeld von entscheidender Bedeutung. Ihre Lieferanten sind das Fundament Ihres Unternehmens; Sie beschaffen, lagern und liefern die Waren, die Sie an Ihre Kunden verkaufen. Sie sind mehr als nur Lieferanten. Daher erfordert die Auswahl und Verwaltung Ihrer Lieferanten gründliche Überlegungen, eine sorgfältige Vorbereitung und ständige Anstrengungen.

Der erste Schritt bei der Auswahl eines Lieferanten besteht darin, mögliche Partner zu finden, die Ihre Ziele und Werte unterstützen und gleichzeitig Ihre Geschäftsanforderungen erfüllen können. Beginnen Sie mit einer umfassenden Recherche, um vertrauenswürdige Anbieter zu finden, die sich durch Zuverlässigkeit, Professionalität und Qualität auszeichnen. Suchen Sie nach Anbietern, die sich auf Ihren Markt oder Ihre Branche konzentrieren; Sie verfügen mit größerer Wahrscheinlichkeit über das erforderliche Wissen und die Mittel, um Ihr Unternehmen ordnungsgemäß zu unterstützen.

Es ist an der Zeit, die von Ihnen zusammengestellten Anbieter gründlich zu prüfen. Anstatt sich von auffälligen Versprechungen oder auffälligen Websites überzeugen zu lassen, schauen Sie genauer hin, um deren Qualifikation, Ansehen und Zuverlässigkeit zu bewerten. Untersuchen Sie Kundenempfehlungen, Bewertungen und Kommentare, um deren Zuverlässigkeit und Zufriedenheitsgrad zu ermitteln. Fordern Sie auch Muster ihrer Artikel an, damit Sie deren Qualität direkt beurteilen können.

Um Lieferanten effektiv zu verwalten, ist Kommunikation unerlässlich. Richten Sie von Anfang an offene Kommunikationskanäle mit Ihren Lieferanten ein, um sicherzustellen, dass Sie bei Bedarf schnell und einfach darauf zugreifen können. Um spätere Missverständnisse oder Verzögerungen zu vermeiden, machen Sie sich über die Erwartungen hinsichtlich Produktverfügbarkeit, Preisen, Versandplänen und Bestellabwicklungsverfahren im Klaren. Langfristiger Erfolg erfordert den Aufbau einer soliden Beziehung zu Ihren Lieferanten, die auf Offenheit, Ehrlichkeit und gegenseitigem Respekt basiert.

Eine proaktive Zusammenarbeit ist für ein erfolgreiches Lieferantenmanagement ebenso wichtig wie die Kommunikation. Arbeiten Sie eng mit Ihren Lieferanten zusammen, um

Verbesserungsmöglichkeiten zu finden, die Bestandsverwaltung zu verbessern und Verfahren zu optimieren. Überprüfen Sie regelmäßig die Leistungskennzahlen, um sicherzustellen, dass Ihre Lieferanten Ihre Anforderungen und Standards erfüllen. Beispiele für diese Indikatoren sind Auftragserfüllungsraten, Versandzeitpläne und Produktqualität.

Darüber hinaus sind Backup-Pläne für die Reduzierung von Risiken und Störungen unerlässlich. Um Ihre Abhängigkeit von einer einzigen Quelle zu verringern und sich vor unvorhergesehenen Ereignissen wie Lieferantenausfällen oder Unterbrechungen der Lieferkette zu schützen, diversifizieren Sie Ihren Lieferantenstamm. Bleiben Sie über die Marktdynamik, Branchentrends und Gesetzesänderungen auf dem Laufenden, die sich auf Ihre Lieferanten oder Produktangebote auswirken können. Seien Sie bereit, bei Bedarf Anpassungen vorzunehmen.

Letztendlich sind für eine erfolgreiche Lieferantenauswahl und -verwaltung ein strategischer Ansatz, ständige Liebe zum Detail und das Engagement für den Aufbau solider Partnerschaften erforderlich. Sie können den reibungslosen Betrieb und die langfristige Expansion Ihres Dropshipping-Unternehmens gewährleisten, indem Sie Zeit und Energie in den Aufbau und die Pflege von Partnerschaften mit vertrauenswürdigen Lieferanten investieren. Denken Sie daran, dass Ihre Lieferanten Ihre Verbündeten auf dem Weg zum Erfolg als Unternehmer sind, nicht nur Lieferanten. Um den Nutzen für beide Seiten zu maximieren und gemeinsame Ziele zu erreichen, sollten Sie sie mit Respekt behandeln, ehrlich sprechen und gut zusammenarbeiten.

Kapitel 4

Zuverlässige Lieferanten finden

Das Aufdecken vertrauenswürdiger Lieferanten im komplexen Netz des Dropshipping ist wie das Aufdecken vergrabener Juwelen in einem riesigen Meer der Unsicherheit. Das Fundament Ihres Unternehmens sind Ihre Lieferanten; Sie stellen die entscheidende Verbindung zwischen Ihnen und Ihren Kunden dar und garantieren eine reibungslose Auftragsabwicklung. Die Suche nach zuverlässigen Lieferanten ist daher mehr als nur eine lästige Pflicht – es ist ein entscheidendes Unterfangen, das das Potenzial hat, Ihr Dropshipping-Geschäft zum Erfolg oder zum Scheitern zu bringen.

Eine gründliche Recherche und Due Diligence sind die ersten Schritte bei der Suche nach vertrauenswürdigen Anbietern. Es ist wichtig, die Fülle an Möglichkeiten zu durchsuchen, um Lieferanten zu finden, die die Werte, Qualitätsstandards und Erwartungen Ihres Unternehmens an den Kundenservice teilen. Doch wie gelingt es Ihnen, sich in diesem Dschungel der Möglichkeiten zurechtzufinden und den idealen Anbieter für Ihre Anforderungen zu finden?

Erstens ist es wichtig, klar zu sein. Stellen Sie klare Erwartungen an die Quelle, die Sie benötigen, und legen Sie Ihre Kriterien fest, bevor Sie mit der Suche beginnen. Berücksichtigen Sie Elemente wie Kommunikationskanäle, Versandpläne, Produktqualität und Kosten. Sie können den Lieferantenauswahlprozess beschleunigen und Ihre Bemühungen auf die Suche nach Partnern konzentrieren, die Ihren speziellen Anforderungen gerecht werden, indem Sie Ihre Ziele im Vorfeld klar darlegen.

Es ist wichtig, einen breiten Blick zu werfen und verschiedene Beschaffungsmethoden zu untersuchen, nachdem Sie Ihre Anforderungen genau verstanden haben. Mögliche Lieferanten finden Sie auf verschiedenen Wegen, von Fachmessen und Branchenforen bis hin zu Online-Verzeichnissen und Marktplätzen. Erstellen Sie mit diesen Tools eine ausführliche Liste von Bewerbern und beginnen Sie dann mit der Beurteilung dieser nach Ihren vorgegebenen Standards.

Stellen Sie bei der Beurteilung möglicher Anbieter sicher, dass Sie umfangreiche Hintergrundüberprüfungen und Überprüfungsverfahren durchführen. Erkundigen Sie sich nach ihren Herstellungsverfahren und Qualitätskontrollmethoden und fordern Sie Muster ihrer Produkte an, um die Qualität direkt zu bewerten. Suchen Sie nach Empfehlungen und Bewertungen von anderen Dropshippern, die zuvor mit dem Anbieter zusammengearbeitet haben. Durch die Einholung von Informationen aus externen Quellen können Sie sich einen wichtigen Überblick über die Zuverlässigkeit, Fachkompetenz und Leistung des Anbieters verschaffen.

Die Auswahl eines Anbieters erfordert auch eine sorgfältige Abwägung der Kommunikation. Pflegen Sie offene und ehrliche Kommunikationskanäle mit potenziellen Lieferanten, um Verständnis und Einigung über die Erwartungen zu gewährleisten. Erkundigen Sie sich eingehend nach den Bestellabwicklungsverfahren, Versandplänen und Rückgaberichtlinien. Achten Sie außerdem besonders darauf, wie schnell und aufmerksam auf Ihre Fragen geantwortet wird. Ein Lieferant ist eher zuverlässig und engagiert sich für den Aufbau einer erfolgreichen Zusammenarbeit, wenn er proaktiv, kommunikativ und reaktionsschnell ist.

Darüber hinaus haben Beziehungen in der Dropshipping-Branche eine große Macht. Entwickeln Sie dauerhafte und für beide Seiten produktive Beziehungen zu Ihren Lieferanten, indem Sie in allen Ihren Interaktionen professionell und ehrlich sind, Vertrauen aufbauen und eine offene Kommunikation fördern. Der Aufbau einer guten Beziehung zu Ihren Lieferanten kann zu besseren Konditionen, Behandlung und Zusammenarbeit führen, die alle die Basis Ihres Dropshipping-Unternehmens bilden.

Zusammenfassend lässt sich sagen, dass eine Schlüsselkomponente für den Dropshipping-Erfolg die Suche nach vertrauenswürdigen Lieferanten ist. Durch eine sorgfältige, urteilsfähige und strategische Weitsicht bei der Beschaffung können Sie vertrauenswürdige Partner finden, die Sie beim Aufbau Ihres Unternehmens unterstützen und Ihren Kunden einen herausragenden Mehrwert bieten. Denken Sie daran, dass in der dynamischen Welt des Dropshipping der Aufbau dauerhafter Beziehungen, die auf Offenheit, Respekt und Vertrauen basieren, für den Erfolg genauso wichtig ist wie die Suche nach Lieferanten.

Kommunikation mit Lieferanten

Eine gute Kommunikation mit Lieferanten ist für eine erfolgreiche Zusammenarbeit im komplexen Dropshipping-Bereich unerlässlich. Ähnlich wie die Instrumente einer Symphonie zusammenarbeiten müssen, hängt ein erfolgreiches Dropshipping-Geschäft von einer reibungslosen Zusammenarbeit und einer offenen Kommunikation zwischen Ihnen und Ihren Lieferanten ab. In diesem ausführlichen Leitfaden werden wir die Feinheiten der Lieferantenkommunikation untersuchen und Taktiken und Best Practices aufzeigen, um solide Bindungen aufzubauen und den gemeinsamen Erfolg zu fördern.

Die Kernelemente einer erfolgreichen Lieferantenbeziehung sind Professionalität, Offenheit und Klarheit. Offene und ehrliche Kommunikation sollte das Markenzeichen jedes Engagements sein, von der ersten Kontaktaufnahme bis zur fortlaufenden Partnerschaft. Stellen Sie sich und Ihr Unternehmen zunächst kurz vor und erläutern Sie Ihre Erwartungen, Ziele und Spezifikationen. Wenn es um Preisverhandlungen, Produktspezifikationen oder Auftragsabwicklung geht, ist es unerlässlich, Klarheit zu wahren, um Missverständnissen vorzubeugen und das Vertrauen zu stärken.

Darüber hinaus ist es wichtig, in ständigem Kontakt mit Ihren Lieferanten zu bleiben, um auf Veränderungen im Marktumfeld aufmerksam und anpassungsfähig zu bleiben. Informieren Sie Ihre Lieferanten über Produktnachfrage, Lagerbestände und alle anderen Entwicklungen, die sich auf Ihr Unternehmen auswirken könnten. Halten Sie sich auch über die Kapazitäten, Lieferzeiten und mögliche Geschäftsunterbrechungen Ihrer Lieferanten auf dem Laufenden. Sie können als Team Hindernisse überwinden und Chancen ergreifen, indem Sie ein Umfeld der Offenheit und Zusammenarbeit fördern.

Im Umgang mit Lieferanten ist Professionalität ebenso wichtig wie Klarheit und Ehrlichkeit. Zeigen Sie Rücksichtnahme und Respekt gegenüber Ihren Lieferanten, indem Sie deren Wissen und Beiträge zu Ihrem Unternehmen wertschätzen. Beantworten Sie Fragen so schnell wie möglich, geben Sie Anweisungen, die klar und einfach zu befolgen sind, und halten Sie Ihr Wort, wenn Sie Verpflichtungen eingehen. Wenn Sie durch Professionalität und Zuverlässigkeit das Vertrauen und die Loyalität Ihrer Lieferanten gewinnen, sind Sie auf langfristigen Erfolg und Expansion vorbereitet.

Darüber hinaus umfasst eine produktive Kommunikation mit Lieferanten mehr als nur Geschäftsabwicklungen; Dazu gehört auch die Zusammenarbeit und der Aufbau von

Beziehungen. Nehmen Sie sich etwas Zeit, um sich über die Anforderungen, Einschränkungen und Ambitionen Ihrer Lieferanten zu informieren, und bemühen Sie sich dann, Ihre Ziele und Taktiken mit denen ihrer Lieferanten in Einklang zu bringen. Fördern Sie eine Kultur der Zusammenarbeit und des gegenseitigen Respekts, um eine Atmosphäre zu schaffen, in der beide Seiten gedeihen und gemeinsam wachsen können.

Nutzen Sie Technologie als wirksames Werkzeug zur Verbesserung der Zusammenarbeit und zur Optimierung von Abläufen, während Sie die Komplexität der Lieferantenkommunikation bewältigen. Für die Kommunikation und Zusammenarbeit mit Ihren Lieferanten in Echtzeit nutzen Sie Kommunikationskanäle wie E-Mail, Messaging-Anwendungen und Projektmanagementsysteme. Akzeptieren Sie Automatisierung und Integration, um Kommunikation, Bestandsüberwachung und Auftragsverwaltungsprozesse zu verbessern. Dadurch werden Zeit und Ressourcen frei, die sich auf wichtige Projekte und die Unternehmenserweiterung konzentrieren können.

Zusammenfassend lässt sich sagen, dass eine erfolgreiche Lieferantenkommunikation für den Dropshipping-Erfolg von entscheidender Bedeutung ist und über einfache Transaktionsinteraktionen hinausgeht. Der Aufbau solider und langfristiger Beziehungen zu Ihren Lieferanten ist möglich, wenn Klarheit, Ehrlichkeit, Professionalität und Teamarbeit an erster Stelle stehen. Damit wird der Grundstein für ein erfolgreiches und langfristiges Geschäft gelegt. Machen Sie sich also die Kunst der Kommunikation zu eigen und lassen Sie zu, dass sie Sie in der schnelllebigen, sich ständig verändernden Welt zum Erfolg führtDropshipping Industrie.

Verwalten von Lagerbeständen und Erfüllung

Das Verständnis von Bestandsverwaltung und -abwicklung ist wie eine Symphonie der Logistik im komplexen Tanz des Dropshipping. Um einen reibungslosen Betrieb und zufriedene Kunden zu gewährleisten, müssen Sie als Leiter Ihres Online-Geschäfts die Dynamik von Angebot und Nachfrage in Einklang bringen. Jede Phase des Fulfillment-Prozesses, von der Suche nach Produkten bis hin zur Präsentation bei eifrigen Verbrauchern, ist für den Erfolg Ihres Dropshipping-Geschäfts von entscheidender Bedeutung.

Die Fähigkeit, Lieferanten auszuwählen, ist für eine effiziente Bestandsverwaltung von grundlegender Bedeutung. So wie ein Maler die besten Farben auswählt, um ein

Meisterwerk zu schaffen, müssen Sie Lieferanten finden, bei denen Sie sich darauf verlassen können, dass sie qualitativ hochwertige Produkte pünktlich liefern. Um zuverlässige Beziehungen zu Lieferanten aufzubauen, die Ihr Engagement für Qualität teilen, führen Sie umfangreiche Recherchen durch, berücksichtigen Sie Lieferantenbewertungen sorgfältig und schaffen Sie offene Kommunikationswege.

Die Aufrechterhaltung idealer Lagerbestände ist die nächste Schwierigkeit, nachdem Sie eine Liste vertrauenswürdiger Lieferanten zusammengestellt haben. Beim Dropshipping werden die Bestände digital auf die Kataloge Ihrer Lieferanten verteilt und nicht in Lagern gelagert. Daher ist es von entscheidender Bedeutung, in Echtzeit Einblick in die Produktverfügbarkeit und Vorlaufzeiten zu haben. Nutzen Sie Datenanalysen und Technologie, um Lagerbestände aufrechtzuerhalten, Verkaufsmuster im Auge zu behalten und Nachfrageänderungen vorherzusagen. Indem Sie proaktiv und anpassungsfähig bleiben, können Sie Fehlbestände verhindern, Rückstände reduzieren und eine konsistente Warenversorgung gewährleisten, um die Verbrauchernachfrage zu befriedigen.

Bei der Erfüllung von Verpflichtungen kommt es auf Effizienz an. So wie eine gut geölte Maschine schnell und präzise läuft, sollte auch Ihr Fulfillment-Prozess vereinfacht und für eine optimale Leistung optimiert werden. Um Zeit und Geld zu sparen, automatisieren Sie wiederkehrende Prozesse wie die Erstellung von Versandetiketten und die Bearbeitung von Bestellungen. Führen Sie Lean-Konzepte und kontinuierliche Verbesserungstechniken ein, um Engpässe zu finden, Verschwendung zu vermeiden und die Gesamteffektivität Ihrer Fulfillment-Abläufe zu steigern.

Darüber hinaus sollten Sie während des gesamten Auftragsabwicklungsprozesses dem Kundenerlebnis höchste Priorität einräumen. Jede Interaktion eines Verbrauchers mit Ihrem Unternehmen, von der Bestellung bis zum Erhalt des Produkts, prägt seine Meinung darüber. Geben Sie genaue Angaben zur Auftragsverfolgung an, gehen Sie offen und ehrlich mit Versandplänen und -verzögerungen um und reagieren Sie schnell auf alle auftretenden Fragen oder Probleme. Sie können eine positive Mundpropaganda erzeugen, die Kundenbindung stärken und Ihre Marke in einem überfüllten Markt hervorheben, indem Sie an jedem Berührungspunkt hervorragenden Service bieten.

Denken Sie immer daran, dass Flexibilität bei der Bewältigung der Komplexität des Dropshipping-Inventars und der Auftragsabwicklung unerlässlich ist. Halten Sie Ausschau nach Marktveränderungen, Verbrauchervorlieben und Branchenfortschritten und seien Sie bereit, Ihre Taktiken bei Bedarf anzupassen und zu verfeinern. Durch die ständige Verbesserung Ihrer Strategie, die Rationalisierung Ihrer Abläufe und das Streben nach Perfektion können Sie ein Dropshipping-Geschäft aufbauen, das Bestand hat und Kunden stets zufrieden stellt.

Zusammenfassend lässt sich sagen, dass Dropshipping-Inventar- und Fulfillment-Management ein komplexer Prozess ist, der sorgfältige Planung, intelligente Ausführung und unerschütterliche Liebe zum Detail erfordert. Akzeptieren Sie die Schwierigkeiten, nutzen Sie die Chance und gehen Sie mit Zuversicht auf dieses Abenteuer, in dem Wissen, dass Sie mit Engagement und Beharrlichkeit eine erfolgreiche E-Commerce-Symphonie schaffen können.

Vermarktung Ihres Dropshipping-Shops

Ein erfolgreiches Dropshipping-Geschäft hängt stark von gutem Marketing in der überfüllten und wettbewerbsintensiven Welt des E-Commerce ab. Um sich von der Konkurrenz abzuheben und den Umsatz bei den Millionen von Online-Händlern zu steigern, die um die Aufmerksamkeit der Kunden kämpfen, ist es entscheidend, ein Experte für Kundenakquise und -werbung zu werden. Die Entwicklung eines vollständigen und systematischen Ansatzes, der bei Ihrer Zielgruppe Anklang findet, ist der Schlüssel zur Vermarktung Ihres Dropshipping-Shops, von der Nutzung von Social-Media-Kanälen bis hin zur Verbesserung Ihrer Sichtbarkeit in Suchmaschinen.

Ein gründliches Verständnis der Präferenzen Ihrer Zielgruppe ist die Grundlage jedes erfolgreichen Marketingansatzes. Nehmen Sie sich etwas Zeit, um sich über die Eigenschaften, Leidenschaften und Kaufmuster Ihrer Zielgruppe zu informieren, bevor Sie sich auf bestimmte Strategien oder Vertriebsmethoden konzentrieren. Sie können Ihre Marketingbemühungen gezielter darauf ausrichten, ideale Kunden anzusprechen und in treue Kunden umzuwandeln, indem Sie mehr darüber erfahren, wer sie sind und was sie zum Kauf bewegt.

Social-Media-Werbung ist eine der effektivsten Marketingtaktiken eines Dropshippers. Mit ihren unübertroffenen Targeting-Fähigkeiten ermöglichen Ihnen Social-Media-Plattformen wie Facebook, Instagram und TikTok eine Verbindung zu hochgradig gezielten Zielgruppen basierend auf demografischen Merkmalen wie Alter, Standort, Interessen und Online-Aktivitäten. Sie können potenzielle Kunden gewinnen und sie mit verlockenden Angeboten und Werbeaktionen in Ihr Geschäft locken, indem Sie fesselnde Anzeigenkreationen und überzeugende Texte entwickeln.

Um die Markenbekanntheit zu steigern und den Traffic in Ihrem Dropshipping-Shop zu steigern, kann organisches Social-Media-Marketing genauso wichtig sein wie bezahlte Werbung. Sie können einen engagierten Kundenstamm aufbauen, der bereit ist, für Ihr Unternehmen zu werben und Ihre Produkte in ihren Netzwerken bekannt zu machen, indem Sie regelmäßig interessantes Material veröffentlichen, mit Ihrem Publikum kommunizieren und echte Verbindungen aufbauen.

Suchmaschinenoptimierung ist ein weiterer wesentlicher Bestandteil einer profitablen Dropshipping-Marketingstrategie (SEO). Sie können die Sichtbarkeit Ihrer Website auf

Suchmaschinen-Ergebnisseiten (SERPs) erhöhen und organischen Traffic von Kunden anziehen, die aktiv nach ähnlichen Produkten wie Ihrem suchen, indem Sie sie für relevante Schlüsselwörter optimieren und Best Practices für On-Page- und Off-Page-SEO integrieren üben. Wenn Sie Geld in Content-Marketing-Projekte wie das Verfassen von Produkthandbüchern, Blogs und Gastbeiträge stecken, können Sie Ihre SEO-Bemühungen verbessern und Ihren Shop als zuverlässige Autorität in Ihrer Branche positionieren.

Sie können neben Social Media und SEO eine Vielzahl verschiedener Marketingkanäle und -strategien nutzen, um für Ihren Dropshipping-Shop zu werben. Ob Affiliate-Marketing, gesponserte Inhalte, Influencer-Beziehungen oder E-Mail-Marketing – das Geheimnis besteht darin, verschiedene Taktiken auszuprobieren, Ihre Fortschritte zu überwachen und Anpassungen vorzunehmen, je nachdem, was für Ihr Publikum am besten funktioniert.

Zusammenfassend lässt sich sagen, dass Dropshipping-Store-Marketing ein komplexer und kontinuierlicher Prozess ist, der Vorstellungskraft, strategische Planung und die Bereitschaft erfordert, sich an veränderte Geschmäcker und Trends der Verbraucher anzupassen. Ihr Dropshipping-Geschäft kann nachhaltiges Wachstum verzeichnen, indem Sie verschiedene Marketingmethoden nutzen, Ihre Website für Suchmaschinen optimieren und Ihre Marke von der Konkurrenz abheben. Nachdem Sie nun die Ärmel hochgekrempelt und die Schwierigkeiten akzeptiert haben, können Sie strategische Marketingaktivitäten nutzen, um das volle Potenzial Ihres Geschäfts auszuschöpfen.

Kapitel 5

Entwicklung einer Marketingstrategie

Ein starker Marketingplan ist für den Erfolg in der riesigen und sich ständig verändernden Welt des E-Commerce unerlässlich. In einer Online-Einzelhandelslandschaft, in der unzählige Unternehmen um die Aufmerksamkeit der Kunden konkurrieren, sind Einzigartigkeit und eine erfolgreiche Verbindung mit Ihrer Zielgruppe von entscheidender Bedeutung, um den Traffic zu steigern, Leads zu generieren und schließlich Geschäfte abzuschließen. Um eine starke Marketingstrategie zu entwickeln, sind sorgfältige Vorbereitung, strategisches Denken und fundierte Kenntnisse Ihres Zielmarkts, Ihrer Konkurrenten und Branchentrends erforderlich.

Die Identifizierung Ihres Zielmarktes ist der erste Schritt bei der Erstellung eines Marketingplans. Wer sind die Personen, die Ihre Waren oder Dienstleistungen am wahrscheinlichsten in Betracht ziehen? Was sind ihre Hobbys, Demografie und Probleme? Sie können den Geschmack und das Verhalten Ihrer potenziellen Kunden besser verstehen, indem Sie fundierte Buyer-Personas entwickeln. Dies kann Ihnen dabei helfen, Marketingkampagnen zu entwerfen, die auf ihre Wünsche und Bestrebungen eingehen.

Sobald Sie festgestellt haben, wer Ihre Zielgruppe ist, müssen Sie die besten Möglichkeiten auswählen, um Ihre Zielgruppe zu erreichen. Im digitalen Zeitalter stehen zahlreiche Marketingkanäle zur Verfügung, darunter Influencer-Allianzen, E-Mail-Marketing, soziale Medien, Suchmaschinenoptimierung (SEO), Content-Marketing und mehr. Das Geheimnis besteht darin, Vertriebskanäle auszuwählen, die den Return on Investment (ROI) Ihres Unternehmens maximieren und gleichzeitig den Vorlieben und Gewohnheiten Ihrer Zielgruppe gerecht werden.

Beispielsweise wird Social-Media-Marketing zu einer wichtigen Ressource für E-Commerce-Unternehmen, die mit Kunden interagieren, die Markenbekanntheit steigern und den Umsatz steigern möchten. Social-Media-Seiten wie Facebook, Instagram, Twitter und TikTok bieten unvergleichliche Möglichkeiten, mit potenziellen Kunden in Kontakt zu treten, Ihre Waren auszustellen und ein Gemeinschaftsgefühl in

Ihrem Unternehmen zu schaffen. Sie können Ihre Zielgruppe erfolgreich in den ausgewählten sozialen Netzwerken erreichen und einbinden, indem Sie ansprechende Inhalte erstellen, gezieltes Marketing implementieren und den Einfluss von Social-Media-Influencern nutzen.

Suchmaschinenoptimierung (SEO) ist neben Social Media unerlässlich, um organischen Traffic auf Ihre Website zu bringen und Ihre Präsenz auf den Ergebnisseiten von Suchmaschinen (SERPs) zu steigern. Ihre Website kann in den Suchergebnissen einen höheren Rang erreichen und mehr qualifizierte Leads für Ihren Online-Shop anziehen, wenn Sie sie für relevante Schlüsselwörter optimieren, qualitativ hochwertige Inhalte erstellen und Backlinks von zuverlässigen Websites erhalten.

Eine weitere wirksame Waffe im Werkzeugkasten von E-Commerce-Vermarktern ist E-Mail-Marketing, mit dem Sie Leads pflegen, wiederkehrende Geschäfte fördern und dauerhafte Bindungen zu Ihren Kunden aufbauen können. Sie können Ihren Abonnenten relevante und gezielte Informationen bereitstellen, die das Engagement und die Loyalität erhöhen, indem Sie Ihre E-Mail-Liste segmentieren, Ihre Nachrichten personalisieren und Sonderangebote und Rabatte anbieten.

Ohne ständige Messung, Analyse und Optimierung ist natürlich kein Marketingplan vollständig. Durch die Überwachung von Key Performance Indicators (KPIs) können Sie Entwicklungspotenziale erkennen und wichtige Erkenntnisse über den Erfolg Ihrer Marketinginitiativen gewinnen. Beispiele für KPIs sind Website-Traffic, Conversion-Raten, Customer Acquisition Cost (CAC) und Customer Lifetime Value (CLV). Um bessere Ergebnisse zu erzielen und Ihre Geschäftsziele zu erreichen, können Sie Ihren Marketingansatz kontinuierlich verbessern und optimieren, indem Sie verschiedene Nachrichten, Angebote und Kanäle testen und datenabhängig Anpassungen vornehmen.

Zusammenfassend lässt sich sagen, dass die Erstellung eines effektiven Marketingplans für Ihren Online-Shop ein maßgeschneiderter Prozess ist. Um erfolgreich zu sein, müssen Sie Ihren Zielmarkt genau kennen, die besten Marketingkanäle sorgfältig auswählen und eine kontinuierliche Messung und Optimierung durchführen. Mit einem systematischen und datengesteuerten Marketingansatz können Sie Ihren Online-Shop für langfristiges Wachstum und Rentabilität in der mörderischen Welt des E-Commerce positionieren.

Nutzung von Social-Media-Werbung

Früher waren soziale Medien nur eine Möglichkeit für Freunde, Kontakte zu knüpfen, doch im aktuellen digitalen Zeitalter sind sie zu einem wirksamen Instrument für Unternehmen geworden, um ihre Zielgruppe zu erreichen und mit ihr zu interagieren. Da Milliarden von Verbrauchern Facebook, Instagram, Twitter, LinkedIn und andere Plattformen aktiv nutzen, ist Social-Media-Werbung zu einem wesentlichen Bestandteil jedes umfassenden Marketingplans geworden. Indem Sie Social-Media-Werbung optimal nutzen, können Sie Ihr Dropshipping-Unternehmen zu neuen Höhen führen, indem Sie die Einbeziehung der Verbraucher, die Markenpräsenz und den Umsatz steigern.

Grundsätzlich geht es bei Social-Media-Werbung darum, die enorme Reichweite und das Targeting-Potenzial von Plattformen wie Facebook Ads, Instagram Ads und anderen zu nutzen, um Ihrem Publikum hochgradig individuelle und relevante Inhalte zu präsentieren. Mit Social-Media-Werbung können Sie potenzielle Kunden sinnvoller und effektiver als je zuvor ansprechen, unabhängig davon, ob Sie Ihre neuesten Produktangebote präsentieren, exklusive Sonderangebote anbieten oder aufschlussreiche Informationen veröffentlichen.

Unübertroffene Targeting-Optionen sind ein großer Vorteil von Social-Media-Werbung. Mithilfe erweiterter Targeting-Optionen können Sie bestimmte Personen anhand ihrer demografischen Merkmale, Hobbys, Aktionen und sogar früheren Käufe gezielt ansprechen. Indem sichergestellt wird, dass die richtigen Personen Ihre Werbung im richtigen Moment sehen, maximiert dieses Maß an Präzisions-Targeting Ihren Return on Investment und fördert höhere Konversionsraten.

Darüber hinaus bietet Social-Media-Werbung eine Reihe kreativer Alternativen und Anzeigenlayouts, um den Vorlieben und Marketingzielen Ihrer Zielgruppe gerecht zu werden. Die Möglichkeiten sind grenzenlos, wenn es darum geht, Zuschauer zu fesseln und zum Handeln zu motivieren, von fesselnder Image-Werbung und fesselndem Video-Content bis hin zu interaktiven Karussell-Werbespots und immersiven Augmented-Reality-Erlebnissen.

Echtzeitinformationen und -analysen sind ein weiteres attraktives Merkmal von Social-Media-Werbung. Sie können wichtige Kennzahlen wie Klickraten, Konversionsraten und Return on Advertising Spend beobachten und Ihre Kampagnen auf der Grundlage dieser Daten anpassen, indem Sie leistungsstarke Überwachungs- und Berichtstools verwenden, um die Wirksamkeit Ihrer Werbung in Echtzeit im Auge zu behalten. Sie können Ihr Werbebudget jederzeit optimal nutzen, indem Sie diese datengesteuerte Technik verwenden, um Ihre Werbekampagne zu iterieren und zu verbessern.

Doch auch wenn die Social-Media-Werbung noch viel Raum für Erweiterungen hat, sind damit auch viele Schwierigkeiten und Komplikationen verbunden. Erfolg in der Social-Media-Werbung erfordert sorgfältige Vorbereitung, strategisches Denken und ständige Tests. Dazu gehört das Aushandeln der sich ständig weiterentwickelnden Algorithmen von Social-Media-Plattformen und der Wettbewerb um die Aufmerksamkeit eines zunehmend abgelenkten Publikums.

In den kommenden Kapiteln dieses Buches werden wir die Grundlagen der Social-Media-Werbung erläutern und dabei alles abdecken, von der Definition Ihrer Zielgruppe und der Einrichtung Ihrer Werbekonten bis hin zur Entwicklung auffälliger Werbemittel und der Optimierung Ihrer Kampagnen für beste Ergebnisse. Unabhängig von Ihrem Erfahrungsstand mit Social-Media-Werbung oder Ihrem Wunsch, Ihre aktuellen Kampagnen zu verbessern, vermittelt Ihnen dieser Leitfaden die Fähigkeiten, Ressourcen und Taktiken, die Sie benötigen, um im knallharten Bereich des Social-Media-Marketings erfolgreich zu sein.

Schnappen Sie sich jetzt einen Besen, schärfen Sie Ihr künstlerisches Gespür und machen Sie sich bereit, das Potenzial der Social-Media-Werbung auszuschöpfen, um die Entwicklung, das Engagement und dic Rentabilität Ihres Dropshipping-Unternehmens voranzutreiben. Die Möglichkeiten der Social-Media-Werbung sind mit der richtigen Strategie und etwas Fantasie nahezu grenzenlos. Lassen Sie uns gemeinsam diesen revolutionären Marketingkanal optimal nutzen.

Suchmaschinenoptimierung (SEO) für Shopify-Shops

Ein optisch ansprechender Shopify-Shop ist einfach der erste Schritt zum Erfolg in der riesigen Welt des E-Commerce. Das Erlernen der Suchmaschinenoptimierung (SEO) ist entscheidend, wenn Sie sich von der Masse abheben und einen konstanten Strom hochwertiger Leads gewinnen möchten. Das Ziel der Suchmaschinenoptimierung (SEO) ist es, einen umfassenden Plan zu erstellen, um Ihre Online-Präsenz zu erhöhen, relevanten Traffic anzuziehen und schließlich den Umsatz und die Rentabilität zu steigern. Es geht nicht nur darum, auf den Ergebnisseiten von Suchmaschinen besser zu ranken.

Grundsätzlich ist Suchmaschinenoptimierung (SEO) der Prozess, Ihre Website effizienter und kompatibel mit Suchmaschinen wie Google, Bing und Yahoo zu machen, indem Leistung, Struktur und Inhalt verbessert werden. Durch das Verständnis der Elemente, die sich auf Suchmaschinenrankings auswirken, und die Anwendung optimaler Techniken können Sie die Bekanntheit Ihres Shopify-Shops steigern und seine Wahrscheinlichkeit erhöhen, bei relevanten Suchanfragen als Top-Ergebnis aufzutauchen.

Die Suche nach Schlüsselwörtern ist einer der grundlegenden Bestandteile der Suchmaschinenoptimierung für Shopify-Shops. Sie können Ihre Inhalte an die Absichten und Vorlieben Ihrer Zielgruppe anpassen, indem Sie die Begriffe und Phrasen finden, die diese bei der Suche verwenden. Dies erfordert die Auswahl von Keywords mit hohem Volumen, aber auch die Berücksichtigung von Long-Tail-Keywords und semantischen Varianten, die den besonderen Anforderungen und Vorlieben Ihrer Zielgruppe entsprechen.

Es ist an der Zeit, die On-Page-Komponenten Ihrer Website zu optimieren, nachdem Sie festgelegt haben, welche Keywords Ihre Ziele sind. Dazu gehört die Verbesserung Ihrer Meta-Tags, Produktbeschreibungen und Titel, um relevante Schlüsselwörter auf natürliche und überzeugende Weise zu integrieren. Eine weitere Verbesserung der SEO-Leistung und Sichtbarkeit Ihrer Website in Suchmaschinen können Sie erreichen, indem Sie Ihre URL-Struktur, Bild-Alt-Tags und interne Verlinkungen optimieren.

On-Page-SEO ist jedoch nur ein Aspekt von SEO für Shopify-Unternehmen. Suchmaschinen berücksichtigen bei der Bewertung der Autorität und Vertrauenswürdigkeit Ihrer Website auch stark Off-Page-Elemente wie Backlinks, Social-Media-Signale und Online-Reputation. Durch die Erhöhung der Vielfalt hochwertiger Backlinks, die von seriösen Websites auf Ihre Website verweisen, die Interaktion mit Ihren Followern in sozialen Medien und die Beobachtung Ihrer Online-Bewertungen und Testimonials können Sie das Offpage-SEO-Profil Ihrer Website verbessern.

Darüber hinaus ist es jetzt erforderlich, dass Ihr Shopify-Shop für mobile Geräte optimiert ist. Aufgrund des wachsenden Trends zum mobilen Surfen bevorzugen

Suchmaschinen in ihren Reihen mobilfreundliche Websites. Damit Ihr Shopify-Shop in den Suchergebnissen immer einen Vorsprung vor der Konkurrenz hat, stellen Sie sicher, dass er schnell lädt, reagiert und auf allen Geräten ein einheitliches Benutzererlebnis bietet.

Die SEO-Leistung Ihres Shopify-Shops kann durch den Einsatz von Content-Marketing zusätzlich zu herkömmlichen SEO-Techniken verbessert werden. Lehrreiche Blogartikel, Produkthandbücher und Tutorials, die auf die Anforderungen und Interessen Ihrer Zielgruppe eingehen, können organischen Traffic anziehen, Ihnen helfen, eine Autorität auf Ihrem Gebiet zu werden und Wiederbesuche zu fördern.

Letztendlich ist SEO für Shopify-Shops ein kontinuierlicher Prozess, der Engagement, Toleranz und die Bereitschaft erfordert, sich in Bezug auf Algorithmen und Moden mit der Zeit zu verändern. Sie können Ihren Shopify-Shop für langfristigen Erfolg in der mörderischen E-Commerce-Branche einrichten, indem Sie sich an die neuesten SEO-Best Practices halten, Analysetools verwenden, um die Leistung Ihrer Website zu verfolgen, und Ihren Inhalt und Ansatz kontinuierlich verbessern. Machen Sie sich jetzt die Hände schmutzig, erkunden Sie die Welt der SEO und nutzen Sie das volle Potenzial Ihres Shopify-Shops. Sie sind dabei, sich auf eine Reise zu begeben, die zu mehr Traffic, Rankings und Einnahmen führen wird!

Optimierung von Verkäufen und Conversions

Der Schlüssel zum Erfolg in der hart umkämpften Welt des E-Commerce ist die Fähigkeit, Verkäufe und Konversionen zu maximieren. Es reicht nicht aus, Menschen dazu zu bringen, Ihren Online-Shop zu besuchen. Sie müssen sie auch dazu zwingen, etwas zu tun, beispielsweise etwas zu kaufen, Ihren Newsletter zu abonnieren oder mit Ihren Inhalten zu interagieren. Conversion-Optimierung, der Prozess, Website-Besucher in zahlende Kunden zu verwandeln, ist sowohl eine Kunst als auch eine Wissenschaft, die ein umfassendes Verständnis von User Experience Design, Verbraucherpsychologie und datengesteuerter Forschung erfordert.

Bei der Optimierung von Verkäufen und Konversionen geht es im Wesentlichen darum, Ihren Kunden vom Besuch Ihrer Website bis zum Abschluss einer gewünschten Aktivität ein reibungsloses und überzeugendes Erlebnis zu bieten. Jede Komponente Ihres Online-Geschäfts, einschließlich des Checkout-Prozesses, der Produktbeschreibungen sowie des Layouts und Designs, ist entscheidend für die Beeinflussung des Kundenverhaltens und die Steigerung der Conversions.

Die Idee des nutzerzentrierten Designs ist einer der Grundpfeiler der Conversion-Optimierung. Es ist wichtig, dass Ihre Website benutzerfreundlich, optisch ansprechend und intuitiv ist, damit Benutzer schnell und einfach finden, wonach sie suchen. Sie können die Wahrscheinlichkeit verringern, dass potenzielle Kunden ihren Einkaufswagen abbrechen, und die Conversion-Chancen erhöhen, indem Sie das Benutzererlebnis optimieren und unnötige Reibungspunkte beseitigen.

Überzeugendes Copywriting ist ein weiteres wichtiges Element zur Optimierung von Verkäufen und Conversions. Sie sollten bei der Gestaltung Ihrer Produktbeschreibungen, Schlagzeilen und Call-to-Action-Buttons große Sorgfalt walten lassen, damit sie die Bedürfnisse, Wünsche und Schwachstellen Ihrer Zielgruppe ansprechen. Sie können Besucher zum Handeln und zum Kauf bewegen, indem Sie überzeugende Sprache und Storytelling-Strategien verwenden, um ein Gefühl von Dringlichkeit, Begeisterung und Vertrauen zu vermitteln.

Conversions werden neben überzeugendem Copywriting maßgeblich von visuellen Komponenten beeinflusst. Durch den Einsatz hochwertiger Fotos, Videos und Grafiken können Sie das Interesse Ihres Publikums wecken und Ihre Artikel optimal präsentieren. Durch die Investition in qualitativ hochwertige Bilder und Multimedia-Inhalte können Sie den wahrgenommenen Wert Ihrer Angebote steigern und potenzielle Kunden dazu ermutigen, von Ihren Angeboten überzeugt zu sein.

Darüber hinaus sind ständige Tests und Verbesserungen erforderlich, um Verkäufe und Conversions zu maximieren. Mithilfe von A/B-Tests, multivariaten Tests und Datenanalysen können Sie ermitteln, welche Aspekte Ihrer Marketingkampagnen und Ihrer Website am besten konvertieren, sodass Sie die erforderlichen Iterationen durchführen können. Sie können der Zeit voraus sein und die Funktionalität Ihres Online-Shops verbessern, indem Sie eine Experimentier- und Iterationskultur einführen.

Letztendlich ist die Steigerung von Umsätzen und Conversions ein kontinuierlicher Prozess, der Engagement, Einfallsreichtum und eine unerschütterliche Konzentration auf die Anforderungen und Vorlieben Ihrer Kunden erfordert. Um das Potenzial Ihres E-Commerce-Unternehmens voll auszuschöpfen und nachhaltige Entwicklung und Erfolg auf dem hart umkämpften Online-Markt zu erzielen, müssen Sie der Benutzererfahrung

Priorität einräumen, ansprechende Texte verfassen, in visuelle Komponenten investieren und eine experimentelle Kultur einführen.

Kapitel 6

Entwerfen hochkonvertierender Produktseiten

Die Art und Weise, wie Ihre Produktseiten gestaltet sind, kann in der wettbewerbsintensiven und schnelllebigen Welt des Internetmarktes den Unterschied zwischen einem Verkauf und einer verpassten Chance ausmachen. Eine geschickt gestaltete Produktseite kann Besucher anziehen, ihr Vertrauen gewinnen und sie schließlich zum Kauf bewegen. Allerdings erfordert die Erstellung einer optisch ansprechenden Produktseite neben der Ästhetik auch eine sorgfältige Berücksichtigung von Psychologie, Benutzerfreundlichkeit und überzeugenden Designprinzipien.

Ihre Produktseite muss in erster Linie benutzerfreundlich und optisch ansprechend sein. Ein Besucher sollte mit klaren Bildern, interessanten Inhalten und einer einfachen Navigation begrüßt werden, sobald er auf Ihrer Seite landet. Produktfotografie auf höchstem Niveau ist von entscheidender Bedeutung, um potenziellen Käufern ein genaues und umfassendes Bild des von ihnen in Betracht gezogenen Artikels zu vermitteln. Investieren Sie in professionelle Fotografie, oder denken Sie, wenn das Geld knapp ist, über die Verwendung von Stockfotos mit hoher Auflösung nach, die Ihre Produkte originalgetreu abbilden.

Ihre Produktseite sollte neben auffälligen Grafiken eine aufmerksamkeitsstarke Sprache haben, die die Eigenschaften und Vorteile des Artikels hervorhebt. Verwenden Sie eine lebendige Sprache, wenn Sie beschreiben, wie das Produkt das Leben des Kunden bereichert oder sein Problem löst. Achten Sie auf die hervorstechenden Merkmale und Alleinstellungsmerkmale und gehen Sie gleichzeitig auf mögliche Bedenken oder Sorgen des Kunden ein.

Stellen Sie außerdem sicher, dass auf Ihrer Produktseite Suchmaschinenoptimierung (SEO) angewendet wird. Verwenden Sie relevante Schlüsselwörter in Ihren Meta-Tags, Ihrer Beschreibung und Ihrem Produkttitel, um den Traffic aus organischen Quellen zu erhöhen und die Sichtbarkeit zu erhöhen. Beziehen Sie auch Kundenempfehlungen und -bewertungen ein, um Glaubwürdigkeit und soziale Beweise zu schaffen. Gute

Bewertungen helfen, Bedenken potenzieller Kunden zu zerstreuen und bieten aufschlussreiche Informationen über die Funktionalität und Qualität des Produkts.

Offensichtliche und leicht zu findende Call-to-Action-Buttons (CTA) sind ein wesentlicher Bestandteil einer Produktseite, die gute Conversions erzielt. Ihr Call-to-Action (CTA), egal ob „In den Warenkorb", „Jetzt kaufen" oder „Mehr erfahren", muss optisch auffällig und gut positioniert sein, um zum Handeln zu bewegen. Um Besucher zum Kauf zu bewegen, nutzen Sie ansprechende Mikroskopie, kontrastierende Farben und eine fesselnde Formulierung.

Vereinfachen Sie außerdem den Checkout-Vorgang, um Reibungsverluste zu vermeiden und Warenkorbabbrüche zu vermeiden. Bieten Sie Ihren Kunden mehrere Zahlungsmöglichkeiten, informieren Sie sich im Voraus über Lieferdetails und stellen Sie sicher, dass ihr mobiles Erlebnis beim Surfen auf Tablets und Smartphones einwandfrei ist. Entfernen Sie überflüssige Ablenkungen, damit das Produkt und die Kaufentscheidung im Mittelpunkt stehen.

Um die Conversions zu steigern, testen und passen Sie Ihre Produktseiten schließlich häufig an. Probieren Sie mithilfe von A/B-Tests verschiedene Schlagzeilen, Grafiken, Layouts und Call-to-Actions (CTAs) aus und bewerten Sie dann die Ergebnisse, um zu sehen, auf welche Ihre Zielgruppe am besten reagiert. Behalten Sie Kennzahlen zum Benutzerverhalten wie die Verweildauer auf der Seite, die Absprungrate und die Konversionsrate im Auge, um mehr darüber zu erfahren, wie Benutzer mit Ihren Produktseiten interagieren, und passen Sie Ihr Design basierend auf Daten an.

Zusammenfassend lässt sich sagen, dass die Erstellung von Produktseiten mit einer guten Conversion-Rate sowohl Kunst als auch Wissenschaft erfordert. Durch die Kombination überzeugender Sprache, auffälliger Bilder, benutzerfreundlichem Design und einwandfreier Funktionsweise können Sie ein umfassendes Einkaufserlebnis schaffen, das Kunden begeistert und den Umsatz steigert. Um in der mörderischen Welt des E-Commerce immer einen Schritt voraus zu sein, hören Sie nie auf, Ihre Produktseiten zu iterieren und zu verbessern. Die Anforderungen und Vorlieben Ihrer Zielgruppe sollten immer an erster Stelle stehen.

Implementierung von Techniken zur Conversion-Rate-Optimierung (CRO).

In der hart umkämpften Welt des E-Commerce reicht es nicht aus, nur Besucher in Ihren Shopify-Shop zu locken. Die Umwandlung dieser Besuche in zahlende Kunden ist der wahre Test für Ihr Unternehmen. Conversion Rate Optimization (CRO) ist ein Strategieansatz, der darauf abzielt, den Prozentsatz der Website-Besucher zu maximieren, die eine gewünschte Aktivität ausführen, z. B. ein Formular absenden, einen Kauf tätigen oder sich für einen Newsletter anmelden. Hier kommen CRO-Ansätze ins Spiel.

Im Grunde ist Suchmaschinenoptimierung (CRO) sowohl eine Wissenschaft als auch eine Kunst. Sie nutzt datengesteuerte Forschung und explorative Experimente, um jeden Aspekt des Erscheinungsbilds, der Benutzerfreundlichkeit und der Benutzererfahrung Ihrer Website zu optimieren. Es geht darum herauszufinden, wie sich Ihr Publikum verhält, die Schwachstellen des Konvertierungsprozesses zu lokalisieren und gezielte Interventionen zu ergreifen, um Hindernisse aus dem Weg zu räumen und das Engagement zu steigern.

Der Gedanke der kontinuierlichen Verbesserung ist einer der Kerngedanken von CRO. CRO fördert eine Iterations- und Optimierungshaltung, bei der jede Aktualisierung eine Hypothese ist, die auf der Grundlage realer Daten bewertet und geändert werden muss, anstatt Ihre Website als statisches Objekt zu betrachten. Die Einführung einer Kultur des Testens und Lernens kann Ihnen helfen, die Vorlieben und Motivationen Ihrer Zielgruppe besser zu verstehen und Ihre Website besser an ihre Bedürfnisse anzupassen.

Was sind dann einige wichtige CRO-Strategien, mit denen Sie die Conversions in Ihrem Shopify-Shop steigern können? Lassen Sie uns ein paar Taktiken untersuchen:

Optimierung der Benutzererfahrung (UX): Stellen Sie zunächst sicher, dass Ihre Website einfach zu bedienen, ästhetisch ansprechend und intuitiv ist. Optimieren Sie die Ladezeiten von Seiten, reduzieren Sie Reibungspunkte und optimieren Sie den Checkout-Prozess, um Ihren Benutzern ein angenehmes Surferlebnis zu bieten.

A/B-Tests: Testen Sie verschiedene Iterationen der Komponenten Ihrer Website, wie Call-to-Action-Buttons, Produktbeschreibungen und Überschriften, um herauszufinden, welche Kombinationen für Ihre Zielgruppe am besten funktionieren. Verwenden Sie

A/B-Testtools, um Leistungsmetriken auszuwerten und notwendige Designiterationen durchzuführen.

Soziale Beweise und Vertrauenssignale: Um Glaubwürdigkeit aufzubauen und besorgte Kunden zu beruhigen, einschließlich Kundenempfehlungen, Bewertungen und Vertrauenssiegeln auf Ihrer Website. Um Vertrauen zu schaffen und die Conversions zu steigern, heben Sie Social-Proof-Komponenten auf Ihrer Website sorgfältig hervor.

Personalisierung: Bieten Sie mithilfe von Datenanalysen und Benutzersegmentierung individuelle Erlebnisse basierend auf den Vorlieben und dem Browserverlauf jedes Besuchers. Zeigen Sie maßgeschneiderte Rabatte, empfohlene Produkte und gezielte Nachrichten an, um die Relevanz zu erhöhen und Conversions zu fördern.

Mobile Optimierung: Es ist wichtig sicherzustellen, dass Ihr Shopify-Shop vollständig für die mobile Reaktionsfähigkeit optimiert ist, da immer mehr Kunden Einkäufe auf mobilen Geräten tätigen. Um die wachsende Zahl mobiler Käufer effektiv zu erreichen, investieren Sie in ein mobilfreundliches Design und Funktionalität.

Pop-ups mit Exit-Zweck können verwendet werden, um Benutzer anzulocken, die bereit sind, Ihre Website zu verlassen, ohne etwas zu kaufen. Um Kunden zu ermutigen, zu bleiben und ihren Kauf abzuschließen, bieten Sie ihnen Anreize wie Rabatte, kostenlosen Versand oder Zugang zu einzigartigen Inhalten.

Kontinuierliche Überwachung und Analyse: Um den Erfolg Ihrer CRO-Bemühungen zu messen, behalten Sie die wichtigsten Leistungsindikatoren (KPIs) im Auge, darunter Konversionsrate, Absprungrate und durchschnittlicher Bestellwert. Um Ihre Website weiter zu verbessern, nutzen Sie Analysetools, um Trends zu erkennen, Erkenntnisse zu gewinnen und datengesteuerte Entscheidungen zu treffen.

Ihr Shopify-Unternehmen kann sein volles Potenzial entfalten und die Conversions steigern, wenn Sie diese CRO-Strategien in die Praxis umsetzen und eine Haltung der ständigen Weiterentwicklung einnehmen. Denken Sie daran, dass CRO ein kontinuierlicher Verbesserungs- und Optimierungsprozess und kein einmaliges Unterfangen ist. Auf dem Weg zu höheren Konversionsraten warten Erkenntnisse darauf, gefunden zu werden. Hören Sie also nie auf zu testen, anpassungsfähig zu sein und neugierig zu bleiben.

Kundenbindungsstrategien

In der schnelllebigen Welt des Online-Shoppings wird die Gewinnung neuer Kunden häufig als oberstes Ziel angepriesen. Schließlich hängen Entwicklung und Nachhaltigkeit davon ab, dass Ihre Kundenbasis wächst. Nichtsdestotrotz ist die Pflege dauerhafter Beziehungen zu Ihrer aktuellen Kundschaft der eigentliche Schlüssel zum langfristigen Erfolg, auch wenn die Gewinnung neuer Geschäfte ganz klar von entscheidender Bedeutung ist. Hier kommen Kundenbindungsstrategien ins Spiel – eine Sammlung von Techniken und Programmen, die dafür sorgen sollen, dass Kunden immer wieder zurückkommen, um mehr zu erfahren.

Die Entwicklung des Vertrauens, der Loyalität und der Zufriedenheit eines Publikums ist der Kern der Kundenbindung. Es geht darum, aus einmaligen Käufern treue Follower und aus treuen Followern öffentliche Verfechter Ihres Unternehmens zu machen. Allerdings reicht die Bereitstellung qualitativ hochwertiger Waren oder Dienstleistungen nicht aus, um Kunden mit diesem Maß an Engagement zu überzeugen. Um die Bedürfnisse Ihrer Kunden zu verstehen, ihre Wünsche zu projizieren und ihre Erwartungen konsequent zu übertreffen, ist eine konzentrierte Anstrengung erforderlich.

Welche effizienten Methoden können E-Commerce-Unternehmen nutzen, um ihren aktuellen Kundenstamm zu halten? Lassen Sie uns einige untersuchen:

Personalisierte Kommunikation: Personalisierte Kommunikation ist ein leuchtendes Beispiel für Authentizität in einer Welt, in der allgemeine Werbebotschaften allgegenwärtig sind. Nehmen Sie sich etwas Zeit, um mehr über die Interessen, vergangenen Käufe und Verhaltensmuster Ihrer Kunden zu erfahren. Nutzen Sie diese Daten, um Ihre E-Mails, Marketingkampagnen und Produktvorschläge an die individuellen Anforderungen und Vorlieben jeder Person anzupassen.

Treueprogramme: Im Einzelhandel ist die Belohnung treuer Kunden eine bewährte Strategie, die auch im E-Commerce gilt. Durch die Erstellung eines Treueprogramms, das treue Kunden mit Vorteilen, Angeboten und ersten Angeboten belohnt, können Sie sie dazu ermutigen, weiterhin mit Ihnen Geschäfte zu machen. Gut gestaltete Treueprogramme, egal ob mit VIP-Mitgliedschaft, gestaffeltem Prämiensystem oder Punktesystem, können das Interesse der Benutzer wecken und dazu führen, dass sie immer wieder zurückkommen.

Exzellenter Kundenservice: Ihr Ruf kann im Zeitalter von Social-Media- und Internet-Bewertungen aufgebaut oder zerstört werden. Indem Sie Ihren Kunden einen zeitnahen, höflichen und unterstützenden Service bieten, können Sie eine möglicherweise schlechte Erfahrung in eine angenehme Erfahrung verwandeln und treue Unterstützer Ihres Unternehmens gewinnen. Geben Sie in jeder Phase des Kundenerlebnisses der Bereitstellung eines exzellenten Kundenservice Priorität – sei es durch Problemlösung, Beantwortung von Fragen oder einfach nur durch ein offenes Ohr.

Nachverfolgung nach dem Kauf: Wenn ein Kunde auf die Schaltfläche „Kaufen" klickt, ist die Transaktion noch nicht abgeschlossen. Nehmen Sie nach einem Verkauf Kontakt mit dem Verbraucher auf, um ihm für seine Unterstützung zu danken, seinen Input einzuholen und etwaige Probleme zu lösen. Dies zeigt nicht nur Ihre Wertschätzung für das Unternehmen, sondern bietet auch aufschlussreiche Informationen, die Ihnen dabei helfen, Ihre Waren und Dienstleistungen in Zukunft zu verbessern.

Gemeinschaftsaufbau: Fördern Sie das Kameradschaftsgefühl unter Ihren Kunden, indem Sie Diskussionsforen, Social-Media-Seiten oder virtuelle Communities einrichten, in denen sie mit anderen Gleichgesinnten interagieren, Geschichten austauschen und Hilfe leisten können. Durch die Schaffung einer lebendigen Community rund um Ihr Unternehmen gewinnen Sie nicht nur mehr Markenbotschafter, die bei der Vermarktung Ihrer Waren und Dienstleistungen behilflich sein können, sondern stärken auch die Kundenbindung.

E-Commerce-Unternehmen können einen treuen Kundenstamm aufbauen, der Einnahmen generiert und die Grundlage für nachhaltigen Erfolg schafft, indem sie diese und andere Kundenbindungstaktiken in die Praxis umsetzen. Bedenken Sie, dass es in der mörderischen Welt des Online-Handels genauso wichtig ist, bestehende Kunden zu halten wie neue zu gewinnen. Investieren Sie daher, wann immer möglich, in die Pflege von Verbindungen, die Zufriedenheit Ihrer Kunden und die Bereitstellung von Mehrwert. Sowohl Ihre Kunden als auch Ihr Geschäftsergebnis werden es zu schätzen wissen.

Skalieren Sie Ihr Dropshipping-Geschäft

Der Aufbau eines Dropshipping-Geschäfts ähnelt dem Überqueren unbekannter Meere, da es zahlreiche Wachstumschancen und potenzielle Gefahren gibt, die es zu beachten gilt. Es ist auch spannend und anspruchsvoll. Es wird eine Zeit kommen, in der Ihr Unternehmen so viel wie möglich über eine Expansion nachdenken muss, wenn es an Zugkraft und Dynamik gewinnt. Um Ihr Dropshipping-Geschäft auf ein neues Niveau zu bringen, müssen Sie die Produktivität maximieren, Abläufe rationalisieren und Chancen nutzen.

Um Skalierbarkeit zu erreichen, muss ein starkes Fundament gelegt werden. Stellen Sie sicher, dass Ihr Unternehmen auf einem soliden Fundament steht, das Wachstum bewältigen kann, bevor Sie überhaupt an eine Expansion denken. Dies erfordert die Optimierung von Abläufen, die Feinabstimmung Ihrer Abläufe und die Tätigung der erforderlichen Infrastrukturinvestitionen, um der wachsenden Nachfrage gerecht zu werden. Jeder Bereich Ihres Unternehmens muss auf Skalierbarkeit ausgelegt sein, von der Einrichtung zuverlässiger Kundenbetreuungssysteme bis hin zur Automatisierung der Auftragsabwicklung.

Automatisierung ist eine entscheidende Taktik für das Wachstum Ihres Dropshipping-Unternehmens. Mit zunehmendem Bestellvolumen wird es immer schwieriger, Bestellungen manuell zu bearbeiten und den Lagerbestand zu verwalten. Durch den Einsatz von Automatisierungstools und Softwarelösungen können Sie sich wiederholende Aufgaben vereinfachen, die Möglichkeit menschlicher Fehler verringern und wichtige Zeit und Ressourcen freisetzen, um sich auf wichtige Ziele zu konzentrieren. Der Einsatz von Automatisierung ist für die effektive Skalierung Ihres Unternehmens von entscheidender Bedeutung, sei es bei der Auftragsabwicklung, der Bestandskontrolle oder der Kundenkommunikation.

Die Delegation und Auslagerung von Aufgaben ist ein weiterer wesentlicher Bestandteil für das Wachstum Ihres Dropshipping-Unternehmens. Am Anfang haben Sie als Solopreneur möglicherweise alle Aspekte Ihres Unternehmens alleine verwaltet. Aber wenn Ihr Unternehmen wächst, müssen Sie die Hilfe anderer in Anspruch nehmen, um die Belastung zu verringern und das Wachstum zu beschleunigen. Mit Outsourcing können Sie Ihr Unternehmen ausbauen, ohne durch Zeit und Ressourcen eingeschränkt zu sein, sei es durch die Zusammenarbeit mit Marketingagenturen zur Durchführung von

Werbekampagnen, die Einstellung virtueller Assistenten für die Abwicklung administrativer Aufgaben oder die Zusammenarbeit mit Fulfillment-Centern für die Verwaltung der Logistik.

Darüber hinaus ist eine bewusste Strategie zur Produkterweiterung und Marktdiversifizierung für das Wachstum Ihres Dropshipping-Geschäfts erforderlich. Obwohl es verlockend sein mag, sich nur auf die Steigerung der Verkäufe Ihrer aktuellen Produkte zu konzentrieren, ergibt sich echte Skalierbarkeit aus der Erweiterung Ihres Produktangebots und der Erschließung unerschlossener Marktnischen. Um Ihre Dienstleistungen zu erweitern und neue Einnahmequellen zu erschließen, müssen Sie zunächst eine gründliche Marktforschung durchführen, aufkommende Trends erkennen und qualitativ hochwertige Produkte beschaffen, die Ihren Zielmarkt ansprechen.

Um die Produktivität und Rentabilität zu steigern, geht mit der Skalierung Ihres Dropshipping-Geschäfts auch eine kontinuierliche Prozessoptimierung und -verbesserung einher. Dies kann die Neuverhandlung von Lieferantenverträgen sein, um bessere Konditionen zu erhalten, die Verbesserung des ROI durch Optimierung der Marketingstrategie oder die Maximierung des Umsatzes durch Optimierung der Conversion-Rate. Durch häufige Iterationen und Anpassungen können Sie der Konkurrenz einen Schritt voraus sein und Ihr Unternehmen auf langfristigen, nachhaltigen Erfolg ausrichten.

Letztendlich geht es beim Ausbau Ihres Dropshipping-Geschäfts darum, ein starkes, flexibles Unternehmen zu schaffen, das in einem sich ständig verändernden Umfeld bestehen kann, und nicht nur darum, den Umsatz zu steigern oder ein breiteres Publikum zu erreichen. Sie können das volle Potenzial Ihres Dropshipping-Geschäfts ausschöpfen und eine Umgebung schaffen, die uneingeschränktes Wachstum und Erfolg ermöglicht, indem Sie auf Automatisierung, Outsourcing, Diversifizierung und kontinuierliche Optimierung setzen. Schnappen Sie sich also ein Paar Handschuhe, seien Sie offen für Hindernisse und begeben Sie sich auf den aufregenden Weg, Ihr Dropshipping-Unternehmen zu neuen Höhen zu führen. Sie haben unendliche Macht, die Zukunft zu beeinflussen, und die Möglichkeiten sind unbegrenzt.

Automatisierung von Auftragsabwicklungsprozessen

Erfolg in der schnelllebigen Welt des E-Commerce hängt von Effizienz ab. Wenn Ihr Dropshipping-Unternehmen expandiert, kann die manuelle Bearbeitung von Bestellungen leicht außer Kontrolle geraten, was zu Fehlern, Verzögerungen und verpassten Chancen führen kann. Hier kommt die Automatisierung des Auftragsabwicklungsprozesses ins Spiel. Es handelt sich um eine bahnbrechende Taktik, mit der Sie Ihr Unternehmen problemlos skalieren, Zeit sparen und Abläufe verbessern können.

Der Einsatz von Technologie zur Verwaltung des gesamten Bestellabwicklungsablaufs, von der Bestellung durch den Kunden bis zum Eintreffen an der Haustür, ist die grundlegende Komponente der automatisierten Auftragsabwicklung. Sie können Fehler reduzieren, die Genauigkeit erhöhen und sowohl Ihnen als auch Ihren Kunden ein einwandfreies Erlebnis garantieren, indem Sie sich wiederholende Aktivitäten automatisieren und auf menschliche Beteiligung verzichten.

Die Integration Ihres Shopify-Geschäfts mit einer zuverlässigen Drittanbieter-Fulfillment-Plattform ist der erste Schritt zur Automatisierung der Auftragsabwicklung. Zu diesen Plattformen gehören unter anderem Auftragsverwaltung, Bestandsverfolgung und Versandlogistik, die alle darauf abzielen, den Arbeitsablauf bei der Auftragsabwicklung zu optimieren. Sie können viel Zeit und Geld sparen, indem Sie wichtige Vorgänge wie die Auftragsweiterleitung, die Bestandssynchronisierung und die Erstellung von Versandetiketten automatisieren, indem Sie Ihr Geschäft in eine Fulfillment-Plattform integrieren.

Die Automatisierung endet hier jedoch nicht. Mit der Entwicklung von maschinellem Lernen und künstlicher Intelligenz können Sie Ihre Auftragsabwicklung jetzt mit modernsten Tools und Algorithmen weiter optimieren. Mit diesen KI-gestützten Technologien können Sie datengesteuerte Entscheidungen treffen und die Produktivität steigern, indem Sie Daten analysieren, Kundenverhalten vorhersagen und Lagerbestände in Echtzeit optimieren.

Die Automatisierung ermöglicht Ihnen außerdem eine effizientere Kommunikation mit Transportunternehmen und Lieferanten. Durch die Integration Ihrer Fulfillment-Plattform mit Versand-APIs und Lieferantenportalen können Sie Sendungen in Echtzeit verfolgen, Bestellbenachrichtigungen automatisieren und potenzielle Probleme proaktiv angehen. Dies verbessert das Kundenerlebnis insgesamt und erhöht gleichzeitig die Verantwortlichkeit und Transparenz.

Durch die Automatisierung können Sie sich außerdem auf das konzentrieren, was wirklich zählt: die Erweiterung Ihres Unternehmens. Ihre Zeit und Ressourcen, die sonst für manuelle Aufgaben aufgewendet würden, können freigesetzt werden, sodass Sie sich auf strategische Projekte wie Kundenakquise, Marketingkampagnen und Produktforschung konzentrieren können. Dadurch können Sie neue Chancen in der sich ständig verändernden E-Commerce-Branche nutzen, der Konkurrenz einen Schritt voraus sein und schneller Innovationen einführen.

Allerdings muss die Automatisierung durchdacht und strategisch angegangen werden. Automatisierung kann sicherlich die Produktion und Effizienz steigern, aber es ist wichtig, die ideale Balance zwischen Automatisierung und menschlicher Überwachung zu finden. In Bereichen wie strategischer Entscheidungsfindung, Beziehungsmanagement und Kundenservice ist die menschliche Interaktion immer noch von entscheidender Bedeutung. Um ein reibungsloses und individuelles Kundenerlebnis zu gewährleisten, ist es wichtig, sorgfältig zu überlegen, welche Vorgänge automatisiert werden können und welche eine menschliche Beteiligung erfordern.

Zusammenfassend lässt sich sagen, dass jedes E-Commerce-Unternehmen, das in der mörderischen Branche von heute erfolgreich sein möchte, seine Auftragsabwicklungsprozesse strategisch automatisieren muss. Durch den Einsatz von Technologie, Daten und Automatisierung können Sie die Produktivität steigern, Ihr Geschäft erweitern und neue Höhen der Skalierbarkeit und des Wachstums erreichen. Um Ihr Dropshipping-Geschäft auf ein neues Niveau der Rentabilität und des Wohlstands zu bringen, nutzen Sie die Automatisierung als Erfolgskatalysator.

Kapitel 7

Aufgaben auslagern und Verantwortlichkeiten delegieren

Die Fähigkeit, Zeit, Ressourcen und Prioritäten effizient zu verwalten, ist in der schnelllebigen Geschäftswelt oft der entscheidende Faktor über Erfolg und Misserfolg. Ihre Liste der Aufgaben und Verantwortlichkeiten wird mit der Entwicklung und

Erweiterung Ihres Dropshipping-Geschäfts zweifellos länger. Der Betrieb eines erfolgreichen E-Commerce-Unternehmens erfordert viel Arbeit, von Marketingkampagnen und Website-Pflege bis hin zur Auftragsabwicklung und Kundenbetreuung.

Dies ist die Situation, in der Delegierung und Outsourcing sinnvoll sind. Sie können wichtige Zeit und geistige Kapazität freisetzen, um sich auf wirkungsvolle Aktivitäten zu konzentrieren, die Entwicklung und Innovation vorantreiben, indem Sie externen Partnern oder internen Teammitgliedern bestimmte Aufgaben und Verantwortlichkeiten zuweisen.

Die Beauftragung externer Anbieter oder Dienstleister mit der Verwaltung bestimmter Aspekte des Betriebs Ihres Unternehmens wird als Aufgaben-Outsourcing bezeichnet. Die Beauftragung eines freiberuflichen Grafikdesigners mit der Erstellung auffälliger Werbekreationen, die Auslagerung des Kundensupports an ein spezialisiertes Callcenter oder die Nutzung eines Fulfillment-Centers zur Beschleunigung der Bestellabwicklung und des Versands sind nur einige Beispiele dafür, wie Sie durch Outsourcing auf Fachwissen und Ressourcen zugreifen können, ohne dies zu tun erfordern erhebliche Infrastruktur- oder Schulungsinvestitionen.

Andererseits wird die Übertragung von Aufgaben und Projekten an Mitglieder Ihres internen Teams als Delegation von Verantwortung bezeichnet. Wenn Ihr Unternehmen wächst, benötigen Sie möglicherweise mehr Unterstützung in Bereichen wie Marketing, Betrieb oder Kundenservice. Wenn Sie Teammitglieder dazu ermutigen, Verantwortung für bestimmte Aktivitäten und Projekte zu übernehmen, verbessert sich nicht nur die Verteilung der Arbeitslast, sondern es entsteht auch ein Gefühl der Verantwortlichkeit, Eigenverantwortung und Eigenverantwortung bei Ihren Mitarbeitern.

Die Entscheidung, Arbeit zu vergeben oder auszulagern, sollte jedoch nicht voreilig getroffen werden. Es ist wichtig, sorgfältig zu überlegen, welche Jobs unter Berücksichtigung von Aspekten wie Kosten, Qualifikation und strategischer Bedeutung am besten für die Delegation oder das Outsourcing geeignet sind. Darüber hinaus ist eine effiziente Kommunikation, eindeutige Erwartungen und konsistentes Feedback wichtig, um sicherzustellen, dass Teammitglieder und ausgelagerte Partner ihre Aufgaben verstehen und mit den Zielen Ihres Unternehmens im Einklang stehen.

Delegation und Outsourcing haben viele Vorteile, die über die reine Geld- und Zeitersparnis hinausgehen. Sie können Fachwissen und Fähigkeiten erwerben, die intern möglicherweise nicht verfügbar sind, Projektzeitpläne verkürzen und Betriebskosten sparen, indem Sie externes Fachwissen und Ressourcen nutzen. Andererseits kann die Zuweisung von Aufgaben an Teammitglieder innerhalb der Organisation die Arbeitsmoral verbessern, die Zusammenarbeit fördern und Aufstiegschancen bieten.

Entscheidend ist jedoch, den idealen Mix zwischen Delegation und Outsourcing zu finden. Auch wenn einige Teile Ihres Unternehmens durch Outsourcing reibungsloser ablaufen, ist es wichtig, die Kontrolle über wichtige Aufgaben zu behalten und sich der grundlegenden Stärken Ihres Unternehmens bewusst zu sein. Ebenso kann die Zuweisung von Aufgaben an Ihre Teammitglieder diese stärken und die organisatorische Agilität fördern. Um jedoch sicherzustellen, dass diese effizient und im Einklang mit Ihren Unternehmenszielen ausgeführt werden, müssen Sie auch sicherstellen, dass sie über ausreichend Unterstützung, Anleitung und Unterstützung verfügen Aufsicht.

Zusammenfassend lässt sich sagen, dass die Auslagerung von Arbeit und die Zuweisung von Verantwortlichkeiten wirksame Möglichkeiten sind, die Produktivität zu optimieren, Ihr Dropshipping-Unternehmen weiterzuentwickeln und Abläufe zu rationalisieren. Wenn Sie diese Ideen übernehmen und sowohl interne als auch externe Talente geschickt einsetzen, können Sie Ihr Unternehmen in einem immer wettbewerbsintensiveren Markt für langfristigen Erfolg und Nachhaltigkeit positionieren.

Erweitern Sie Ihre Produktlinie und Zielgruppe

Das Geheimnis für langfristigen Erfolg in der sich ständig verändernden Welt des E-Commerce liegt in Anpassung und Kreativität. Die Erweiterung Ihrer Produktpalette und Ihrer Zielgruppe ist eines der wichtigsten Dinge, die Sie tun können, wenn Sie in die Welt des Dropshipping einsteigen, um langfristig erfolgreich zu sein. Sie können ungenutzte Cashflows erschließen, Ihre Markenbekanntheit stärken und Ihren Platz auf dem Markt etablieren, indem Sie Ihre Produktpalette erweitern und neue Märkte erschließen.

Bei der Erweiterung Ihrer Produktpalette ist ein strategischer Ansatz erforderlich, der ein Gleichgewicht zwischen Markenkohärenz, Rentabilität und Marktnachfrage herstellt. Führen Sie zunächst eine gründliche Marktforschung durch, um neue Trends,

Verbraucherpräferenzen und Chancen in bestimmten Märkten zu ermitteln. Nutzen Sie Datenanalysetools, Wettbewerbsanalysen und Verbraucherverhaltensanalysen, um unentdeckte Märkte und Produktkategorien zu entdecken.

Nachdem Sie entschieden haben, welche Produkte Sie zu Ihrem Bestand hinzufügen möchten, überlegen Sie sorgfältig, wie gut diese zu Ihrem Zielmarkt und Ihrer aktuellen Markenidentität passen. Berücksichtigen Sie Elemente wie Produktqualität, Kosten und Ausrichtung auf die Ziele und Werte Ihrer Marke. Ziel ist die Entwicklung einer einheitlichen Produktlinie, die sowohl neue als auch bestehende Verbrauchersegmente anspricht und Ihre Kernprodukte verbessert.

Machen Sie Anpassungsfähigkeit und Vielfalt zu Ihren obersten Prioritäten, wenn Sie neue Produkte auswählen, die Sie Ihrem Bestand hinzufügen möchten. Bemühen Sie sich, eine große Auswahl an Waren anzubieten, die den unterschiedlichen Ansprüchen, Geschmäckern und Lebensstilen Ihrer Kunden gerecht werden. Ganz gleich, ob Sie in verwandte Produktkategorien vordringen oder völlig neue Produkte auf den Markt bringen: Bemühen Sie sich, ein sorgfältig ausgewähltes Sortiment anzubieten, das Ihren Kunden Mehrwert und Benutzerfreundlichkeit bietet.

Bedenken Sie außerdem, wie wichtig strategische Allianzen und Partnerschaften für die Erweiterung Ihrer Produktpalette sind. Bauen Sie Verbindungen zu zuverlässigen Herstellern, Händlern und Lieferanten auf, um Zugang zu einer größeren Auswahl an Waren und exklusiven Angeboten zu erhalten. Erkunden Sie Möglichkeiten für maßgeschneiderte Produktentwicklung, Private Labeling und White-Labeling, um Ihre Angebote hervorzuheben und die Exklusivität Ihrer Marke zu erhöhen.

Um Ihre Reichweite und Ihr Marktpotenzial zu optimieren, müssen Sie Ihre Zielgruppe erweitern und gleichzeitig Ihr Produktsortiment erweitern. Verwenden Sie bei der Segmentierung Ihrer Zielgruppe eine umfassende Strategie und berücksichtigen Sie Variablen wie Geografie, Psychografie und Demografie. Finden Sie neue Zielmärkte und Verbraucherprofile, die die Versprechen, Werte und Botschaften Ihrer Marke ergänzen.

Investieren Sie in Werbe- und Marketingstrategien, die gezielt darauf ausgerichtet sind, neue Verbraucher zu erreichen und das Markenengagement zu steigern. Um Ihre Reichweite zu erhöhen und eine Vielzahl unterschiedlicher Verbrauchergruppen anzusprechen, nutzen Sie Influencer-Beziehungen, E-Mail-Marketing, Social-Media-Plattformen und bezahlte Werbung. Passen Sie Ihre Inhalte und

Botschaften so an, dass sie bestimmte Zielgruppen ansprechen, indem Sie deren besondere Anforderungen, Probleme und Ziele berücksichtigen.

Integrieren Sie außerdem Vielfalt und Inklusivität in Ihre Marketingkampagnen, um ein breiteres Kundenspektrum zu erreichen. Feiern Sie in Ihrem Branding und Marketing die ethnische Vielfalt, begrüßen Sie die Repräsentation und fördern Sie Inklusivität. Sie können eine engagierte und vielfältige Kundenbasis aufbauen, die konventionelle Grenzen überschreitet und durch die Förderung einer integrativen Markenkultur ein Gemeinschafts- und Zugehörigkeitsgefühl fördert.

Zusammenfassend lässt sich sagen, dass die Erweiterung Ihrer Produktpalette und Ihres Zielmarkts ein komplexer Prozess ist, der strategisches Denken, Originalität und Flexibilität erfordert. Sie können der Konkurrenz einen Schritt voraus sein, neue Marktchancen nutzen und Ihr Dropshipping-Geschäft zu neuen Erfolgshöhen ausbauen, indem Sie Ihre Angebote konsequent neu erfinden und diversifizieren. Gehen Sie den Weg des Entdeckens und Wachstums und beobachten Sie, wie Ihr Unternehmen in der schnelllebigen Welt des Online-Shoppings wächst und sich verändert.

Abschluss

Da wir am Ende dieses umfassenden Leitfadens zum Shopify-Dropshipping angelangt sind, ist es wichtig, über die Reise nachzudenken, die wir gemeinsam begonnen haben. Von den Anfängen des Dropshipping-Konzepts bis hin zu den Feinheiten der Produktforschung, des Lieferantenmanagements und der Marketingstrategien haben wir eine breite Palette von Themen behandelt, die darauf abzielen, Sie mit dem Wissen und den Werkzeugen auszustatten, die Sie benötigen, um in der wettbewerbsintensiven Welt des E-Commerce erfolgreich zu sein .

In diesem Buch haben wir die transformative Kraft des Dropshipping hervorgehoben – wie es das Unternehmertum demokratisiert, Einzelpersonen befähigt hat, ihre Träume zu verwirklichen, und neue Möglichkeiten in der digitalen Landschaft erschlossen hat. Wir haben die Vorteile und Herausforderungen des Dropshipping untersucht, uns mit den Nuancen der Suche nach profitablen Produkten, dem Aufbau starker Lieferantenbeziehungen und der Gestaltung effektiver Marketingkampagnen befasst.

Aber über die praktischen Strategien und Taktiken hinaus liegt der Kern des Dropshipping in seinem Potenzial, die Möglichkeiten im Geschäftsleben neu zu definieren. Es geht darum, Chancen zu ergreifen, Innovationen anzunehmen und Ihren eigenen Weg zum Erfolg zu finden. Egal, ob Sie ein erfahrener Unternehmer sind, der sein Portfolio erweitern möchte, oder ein Neuling, der sich in der Welt einen Namen machen möchte, Dropshipping bietet Ihnen den Zugang zu ungeahnten Möglichkeiten.

Wenn Sie dieses Buch schließen und Ihre eigene Dropshipping-Reise beginnen, denken Sie daran, dass der Erfolg nicht über Nacht garantiert ist. Es erfordert Hingabe, Ausdauer und die Bereitschaft, sowohl aus Erfolgen als auch aus Rückschlägen zu lernen. Bleiben Sie neugierig, bleiben Sie anpassungsfähig und verlieren Sie Ihre Vision nie aus den Augen.

Denken Sie vor allem daran, dass Sie auf dieser Reise nicht allein sind. In der Welt des Dropshipping gibt es eine lebendige Gemeinschaft gleichgesinnter Menschen, von denen jeder seine eigenen Geschichten, Erkenntnisse und Erfahrungen zum Teilen hat. Nehmen Sie die Zusammenarbeit an, suchen Sie nach Mentoren und zögern Sie nicht, bei Bedarf Unterstützung in Anspruch zu nehmen.

Letztendlich liegt der wahre Maßstab für den Erfolg beim Dropshipping – wie bei jedem anderen Unterfangen – nicht nur in den Gewinnen, die Sie erzielen, sondern auch in den Leben, die Sie berühren, den Herausforderungen, die Sie meistern, und dem Erbe, das Sie hinterlassen. Gehen Sie also mit Zuversicht, Mut und Überzeugung voran. Träumen Sie groß, arbeiten Sie hart und wagen Sie es, die Grenzen des Möglichen zu überschreiten.

Vielen Dank, dass Sie uns auf dieser Reise begleiten. Möge Ihr Weg durch endlose Möglichkeiten erleuchtet sein und mögen Ihre Wünsche neue Höhen erreichen. Auf die Zukunft des Dropshipping – eine Welt voller grenzenloser Möglichkeiten, die darauf wartet, erkundet und erobert zu werden.